田华

编著

汉字揪错
2200

北京燕山出版社
BEIJING YANSHAN PRESS

此书是从我26年来阅读过的近3亿字中，总结出来的容易误用的字词集。

所以要感谢育才小学、麓山国际实验学校，特别是长沙市雅礼中学的语文老师们，从他们平时对孩子作业的批改中，我也学到了不少知识。

288

六、后记

250

五、易错字词汇总

本部分为易产生错别字的词或词组大集合。错的在前面,排在后面的是正确的,而且需加强印象的正确的字用红色加以突出。注意:词后面标了数字的,可在前面相应的页码找到该字或词的简单解释。

190

四、近义词及易混淆词辨析

有些近义的或容易混淆的词或词组在本部分出现,如『目不见睫—目不交睫』和『鉴别—甄别』,你知道它们有什么区别吗?

目录

085

三、圈出句中的错别字

一些容易犯迷糊的单个的字或词，不方便用词或词组的形式列出，则以圈出句子中的错别字的方式出题。来吧，找找看！圈出句中的错别字。

012

二、考眼力

本部分为测试题，请找出两个并列的词或词组中正确的一个。题目按易到难排列，共有16组，每组50道题，而且每组测试题的后面有答案和简单解释。

006

一、谢谢你选择了我

谢谢你选择了我

校对一做就是 26 年。要问 26 年来坚持做一件事有什么感受？越来越觉得自己的无知。前几年，一位老师说我做了这么多年的校对，一定有很多的经验和积累，要我写本有关校对的书。我不敢写，因为我知道我要学的东西太多了，别说做了 26 年，就算再做 260 年，我都还不够资格写书。这次之所以把这么多年来的笔记整理出来，只是不想浪费自己这 26 年来点点滴滴的积累，并且作为一个引子，给大家一个借鉴，纯粹抛砖引玉而已。

记得刚开始参加工作时还是铅字排版，排字车间里一排排的铅字架在记忆中已成黑白照片，距离我们现在这个年代仿佛已很遥远。那时的校对是对着原稿比校或折校，比较机械和简单。现在全部是电脑打字，有的用五笔，有的用拼音。

五笔打字和拼音打字都有一些要注意的地方。比如说打五笔时容易把"走"打成"直"。"走"的字根相对应的键是 FHU，"直"的字根相对应的键是 FH，少敲一个"U"，就把"走"敲成了"直"。"的"和"和"也容易错，因为两个字的字根在一起，"的"的字根对应的键是"R"，"和"的是"T"，两个字母在键盘上是邻居，不小心敲错了键，就像走错房间上错床，错得离谱。

因为汉字音同或音近的原因，拼音打字有时候错得离谱。比如2014年5月5日晚上9点07分，湖南某电视频道的一档节目，屏幕上的字幕"男子左耳受伤，全因一句公道话"打成了"男子左耳受伤，全因依据公道话"，根据报道内容来看，"依据"应为"一句"。显然是拼音打字惹的祸。

当然也有可能由于汉字形近或本身知识缺漏而出现失误的时候。如2015年5月5日上午10点21分某电视频道播出《当婆婆遇上妈之欢喜冤家》时，屏幕下方的移动字幕把"殊不知"打成了"熟不知"，则有可能确实不知道"熟不知"应为"殊不知"。

综合错别字的成因，大概有以下几点：1. 由于形近而导致。如"羞赧"的"赧"错写成"赦"，"病入膏肓"错写成"病入膏盲"（"肓"和"盲"仿佛两姊妹）。2. 由于音同或音近而导致。如"仗义执言"错写成"仗义直言"。3. 由于义近而导致。如"黯然神伤"错写成"暗然神伤"。4. 由于形、音相近而导致。如"涅槃"错写成"涅磐"，"虎视眈眈"错成"虎视眈眈"。5. 有的则是由于一开始就没弄懂意思，或因形似而读错了音，形成了脑海中的固有印象。如"墨守成规"容易被人写作"默守成规"。这句成语是从战国时墨子善于守城而来，形容因循守旧，不肯改变。因此不能把"墨守成规"的"墨"写成"默"。还如"椎心泣血"也容易被人写成"锥心泣血"。"椎"字有两种读音，只要掌握了"椎（chuí）心泣血"的"椎"字的读音，就不会错写成"锥"字了。再如"循规蹈矩"的"矩"被人写成"距"等，均因形近而读错了音，由此而连带写错了字。6. 由于知识的局限，有很多的字词，我们会想当然地根据字面意思去理解。如"棉铃虫"，有时候容易错成"棉蛉虫"，只因为"蛉"字是虫字边，一些人就忍不住想当然了。棉花的果实初长时形状像铃，叫棉铃。棉铃虫是一种棉花害虫，幼虫钻入棉花蕾铃中为害，造成落蕾落铃。

其实说到底，造成错别字的原因不外乎两种：一是长得像，二是读起来像。

另外，有的词语写法不止一种，都算正确。如"流言蜚语"也可作"流言飞语"，"诘屈聱牙"也作"佶屈聱牙"，"故伎"也作"故技"，"翔实"也可作"详实"，"嘀嗒"同"滴答"，"夹菜"也可写成"搛菜"。有的词，组词的字不同，而意思稍有不同，并非错别字。如"缨络"和"璎珞"、"体贴"和"体帖"、"棉绸"和"绵绸"等等。忽略这两点，在判断对错的时候，容易拿不定主意，把对的判断成错的。这里提一下"蹚水过河"和"趟水过河"。好多人曾问过我究竟应该用"蹚"还是"趟"。第 6 版《现代汉语词典》里用的是"蹚",而《汉语大词典》例举的则是"趟"。"趟"旧同"蹚",若说哪个字错了,其实两个字都没错,只不过现在多用"蹚"而已。

平时生活中,我们用天干地支表示农历年时也容易出错,如"辛未年"错成"辛末年","癸巳年"错成"癸已年"。其实只要记下十天干——甲、乙、丙、丁、戊、己、庚、辛、壬、癸,和十二地支——子、丑、寅、卯、辰、巳、午、未、申、酉、戌、亥,就不容易出错了。天干地支,在字典后面都有的。

此书是从我 26 年来阅读过的近 3 亿字中,总结出来的一些容易误用的字词,同时还有我小孩从小学到高中易写错用错的字词,这些字或词共有一千多个。其中有些是入门级的错别字,如"肮脏"错写成"肮赃"、"千钧一发"写成"千斤一发";有些是不常见的错别字,如"忭跃"写成"汴跃"、"蓑然成集"写成"衰然成集"。在举例时,有的容易混淆的字会以词语的形式反复出现,如"宵"和"霄"以"夜宵""九霄云外","圆"和"园"以"圆满""方圆""花园","辨"和"辩"以"争辩""辨别"等形式出现,目的是为了加深印象。但凡是我见过的我都整理了出来,相对于浩如烟海的汉字知识,只怕是挂一漏万。

最开始编本书的时候,我把所有易错的字词按拼音顺序一路排下来,后来觉得看起来累,就改成每一小节的测试,让读者在测试中轻松体会纠正错别字的趣味。在改错中学习,体会可能更深,也更有趣。一些判断错了的字,希望回想一下,或者查查字典,弄清意思。只有弄明白每个字的意思了,才能减少差错。

需要说明的是:

①本书第二部分**《考眼力》**为测试题,请找出没有错别字的词或词组。题目按易到难排列,共有 16 组,每组 50 道题,而且每组测试题的后面有答案和简单解释。

②一些容易犯迷糊的单个的字或词,不方便用词或词组的形式列出,则以圈出句子中的错别字的方式出题,让读者揪出别字。它们在第三部分**《圈出句中的错别字》**中出现。如:其间有一条南北方向的河川谷地,东侧是起伏的山恋,

居高临下；西面是 20 多米宽的九龙江，江的西面又是大山。而且在答案中会有简单解释：南北方（走）向。走向：山脉等延伸的方向。山恋（峦）。

③有些近义的或容易混淆的词或词组有特别解释（据《汉语大词典》《辞海》《古代汉语词典》和第 6 版《现代汉语词典》），在本书第四部分**《近义词及易混淆词辨析》**有所体现。如：目不见睫—目不交睫 目不见睫 眼睛看不见自己的睫毛。比喻没有自知之明。目不交睫 形容夜间不睡觉或睡不着觉。排序方式是先按拼音字母排序，然后再按笔画排序，笔画少的在前，笔画多的在后，字数少的在前，字数多的在后。

④为了方便读者查找错别字，本书的第五部分**《易错字词汇总》**为易产生错别字的词或词组大集合，把易产生错别字的词或词组的首个字按拼音字母次序排列，然后再按笔画排序，笔画少的在前，笔画多的在后，字数少的在前，字数多的在后。两个词或词组的前面的词是错误的，排在后面的是正确的，而且需加强印象的正确的字用红色加以突出。如：瞑思苦想 **冥**思苦想／磨磨磳磳 磨磨**蹭蹭**。有些疑难或易混淆需特别加以说明的字词，则在测试部分的"看一看"中有解释，可根据词后面标注的数字查询相对应的页码。

那么，每天抽出几分钟时间，做做题，为闲时生活增添一点忙碌。如果做题嫌麻烦的话，可以直接翻看本书第五部分《易错字词汇总》，测试题全部在里面。或者，也可以先看《易错字词汇总》后，再做测试题，也许是别一种味道。

在此，衷心希望本书能给读者诸君提供一点帮助，分享查找错别字的经验和方法，减少生活中如电视字幕、报纸杂志、考试答卷、路边广告、饭店招牌的错别字。而要消除所有的错别字，实际上是做不到的。其实开始编本书的时候，我很想取书名为《没有错别字》，但显然这是我的美好愿望，难以达成，所以后来根据本书例举的 2200 个词或句换了个书名——《汉字揪错 2200》。

最后，你也许只是路过随便翻翻，至少你抚摸过我，甚至把我买回家，把我当成生活中的一员，谢谢你选择了我。

考眼力

本部分为测试题，请找出两个并列的词或词组中正确的一个。题目按易到难排列，共有16组，每组50道题，而且每组测试题的后面有答案和简单解释。

01

肮脏	肮赃	粗旷	粗犷	隔漠	隔膜	谙熟	暗熟
变挂	变卦	豆豉	豆鼓	就犯	就范	苯重	笨重
芭蕉	芭蕉	抵毁	诋毁	对恃	对峙	朝廷	朝庭
怅然	伥然	抖漏	抖搂	帮交	邦交	斑澜	斑斓
担刚	担纲	愤满	愤懑	按捺	按耐	鞭苔	鞭笞

阿谀奉迎	阿谀逢迎	憨态可鞠	憨态可掬	渔肉百姓	鱼肉百姓
不动生色	不动声色	济济一堂	挤挤一堂	不可明状	不可名状
不醒人事	不省人事	良秀不齐	良莠不齐	不乏其人	不泛其人
素然寡味	索然寡味	凉风席席	凉风习习	不径而走	不胫而走
锲若金兰	契若金兰	千斤一发	千钧一发	笔耕不缀	笔耕不辍

顶礼膜拜	顶礼莫拜	前扑后继	前仆后继	春风绯面	春风拂面
纷至沓来	纷至踏来	煽然泪下	潸然泪下	重蹈复辙	重蹈覆辙
瓜瓜坠地	呱呱坠地	为虎作伥	为虎作怅	倒打一耙	倒打一耙
改弦更章	改弦更张	诩诩如生	栩栩如生	插科打浑	插科打诨
合衣而卧	和衣而卧	以飨读者	以饷读者	打躬作揖	打躬作辑

看一看

肮脏　肮赃
脏（zāng）：指有尘土、汗渍、污垢等。脏是多音字，读"zàng"时指内脏。
赃：赃款或赃物。

变挂　变卦
卦：古代的占卜符号，后也指迷信占卜活动所用的器具。变卦：已定的事情忽然改变。

芭蕉　笆蕉
芭：古书上说的一种香草。芭蕉：大蕉的通称。
笆：用竹片或树的枝条编成的片状器物。如"笆斗"。

怅然　伥然
怅：不如意。

担刚　担纲
纲：比喻事物最主要的部分。担纲：泛指在工作中承担重任。

粗旷　粗犷
犷（guǎng）：粗野。粗犷：粗野；豪放。
旷（kuàng）：①空而宽阔。如"旷野"。②心境开阔。如"心旷神怡"。③耽误；荒废。

豆豉　豆鼓
豉（chǐ）：豆豉。

抵毁　诋毁
诋（dǐ）：说坏话；骂。

抖漏　抖搂
全部倒出或说出；揭露。

愤满　愤懑
懑（mèn）：愤慨；生气。

隔漠　隔膜
膜：比喻细微的间隔。隔膜：隔阂。也指情意不相通，彼此不了解。

就犯　就范
范：范围。就范：听从支配和控制。

对侍　对峙
峙（zhì）：耸立；屹立。对峙：相对而立。
恃（shì）：依赖；依仗。

帮交　邦交
邦：国。邦交：国与国之间的正式外交关系。

按捺　按耐
捺：按；摁。按捺：向下压，多比喻控制（情绪）。

谙熟　暗熟

谙：熟悉。

苯重　笨重

苯：有机化合物。

朝廷　朝庭

廷：朝廷。

斑斓　斑澜

斓：斑斓。斑斓：灿烂多彩。

澜：大波浪；波浪。

鞭苔　鞭笞

笞（chī）：用鞭、杖或竹板子打。

苔（tái）：苔藓植物的一类。

阿谀奉迎　阿谀逢迎

逢迎：说话和做事故意迎合别人的心意。含贬义。

不动生色　不动声色

声色：说话时的声音和脸色。

不醒人事　不省人事

省：醒悟；明白。不省人事：①指人昏迷，失去知觉。②不懂人情世故。

素然寡味　索然寡味

索：寂寞；没有意味。

锲若金兰　契若金兰

契：投合。契若金兰：指朋友间意气相投，感情深厚。

锲：雕刻。

顶礼膜拜　顶礼莫拜

膜拜：跪在地上举两手虔诚地行礼。

纷至沓来　纷至踏来

沓：多而重复。

瓜瓜坠地　呱呱坠地

呱（gū）呱：形容小儿哭声。

改弦更章　改弦更张

更张：重新上好琴弦。改弦更张：指重新改换琴弦，使声音和谐。比喻改革制度，变更方针、政策或做法等。

合衣而卧　和衣而卧

和：连带。

憨态可鞠　憨态可掬

掬：两手捧（东西）。

济济一堂　挤挤一堂

济济：形容人多。

良秀不齐　良莠不齐

莠（yǒu）：比喻品质坏的人。

凉风席席　凉风习习

习习：形容风轻轻地吹。

干斤一发　千钧一发

钧：古代重量单位，一钧等于30斤。

前扑后继　前仆后继

仆：向前跌倒。前仆后继：前面的人倒下了，后面的人跟上去，形容英勇奋斗，不怕牺牲。

煽然泪下　潸然泪下

潸（shān）：形容流泪。

煽：①同"扇"。②鼓动（别人做不应该做的事）。

为虎作伥　为虎作怅

伥（chāng）：伥鬼。传说中被老虎咬死的人变成的鬼，这个鬼不敢离开老虎，反而给老虎做帮凶。

诩诩如生　栩栩如生

栩（xǔ）栩：形容生动活泼的样子。

诩（xǔ）：夸耀。

以飨读者　以饷读者

飨（xiǎng）：用酒食款待别人，泛指请人享受。

渔肉百姓　鱼肉百姓

鱼肉：指以暴力欺凌，残害。

不可明状　不可名状

名：说出；描述。

不乏其人　不泛其人

乏：缺乏。

不径而走　不胫而走

胫：小腿。不胫而走：没有腿却能跑，形容传布迅速。

笔耕不缀　笔耕不辍

辍（chuò）：中止；停止。笔耕不辍：指坚持写作。

缀（zhuì）：①用针线等使连起来。②组合字句篇章。如"缀字成文"。

春风绋面　春风拂面

拂：轻轻擦过。也有违背的意思，如"拂逆"。

绋（fú）：大绳，特指牵引灵柩的大绳。如"执绋"。

重蹈复辙　重蹈覆辙

覆：底朝上翻过来。覆辙：翻过车的道路，比喻曾经失败的做法。

倒打一耙　倒打一粑

耙：耙子。

粑：饼类食物。

插科打浑　插科打诨

诨（hùn）：戏谑；开玩笑。插科打诨：指戏曲演员在演出中穿插些滑稽的谈话和动作来引人发笑。

打躬作揖　打躬作辑

揖（yī）：拱手行礼。

辑：①编辑；辑录。②整套书籍、资料等按内容或发表先后次序分成的各个部分。

02

仓卒 仓促	河漕 河槽	饥谨 饥馑	掂量 惦量
宫闱 宫帏	焕散 涣散	几率 机率	垦值 垦殖
刮砂 刮痧	困挠 困扰	机仓 机舱	端睨 端倪
高亢 高吭	寒伧 寒碜	和牌 胡牌	砝码 法码
鸹噪 聒噪	寒暄 寒喧	斗蓬 斗篷	狡诘 狡黠

报冷门 爆冷门	浮想联翩 浮想联篇	格尽职守 恪尽职守
订扣子 钉扣子	拂然不悦 怫然不悦	根深柢固 根深抵固
横隔膜 横膈膜	斧底抽薪 釜底抽薪	河清海宴 河清海晏
趿着鞋 汲着鞋	功亏一溃 功亏一篑	嘎然而止 戛然而止
排他性 排它性	攻于心计 工于心计	汗流浃背 汗流夹背

当人不让 当仁不让	刚复自用 刚愎自用	含英咀华 含英举华
豆蔻年华 豆蒄年华	过目成诵 过目成颂	含情默默 含情脉脉
殆人口实 贻人口实	鬼斧神工 鬼斧神功	恒古不变 亘古不变
风靡一时 风糜一时	顾名思义 故名思义	慧质兰心 蕙质兰心
谆谆教诲 敦敦教诲	刚柔相济 钢柔相济	好整以暇 好整以瑕

看一看

仓卒　仓促
也作"仓猝"。

宫闱　宫帏
闱：宫的侧门。也指科举时代的考场。
宫闱：帝王的住所。

刮砂　刮痧
痧：中医指霍乱、中暑等急性病。
刮痧：民间治疗某些疾病的方法。

高亢　高吭
亢（kàng）：高。高亢：①（声音）高而洪亮。②（地势）高。③高傲。

鸹噪　聒噪
聒（guō）：声音嘈杂，使人厌烦。
鸹：乌鸦。

河漕　河槽
河槽：河床。
漕：漕运。

焕散　涣散
涣：消散。
焕：光明；光亮。

困挠　困扰
扰（rǎo）：扰乱；搅扰。困扰：围困并搅扰，使处于困境难以摆脱。
挠（náo）：①轻轻地抓。②使别人的事情不能顺利进行。如"阻挠"。③弯曲，比喻屈服。如"百折不挠"。

寒伧　寒碜
碜（chěn）：丑；难看。

寒暄　寒喧
暄：温暖。寒暄：见面时谈天气冷暖之类的应酬话。

饥谨　饥馑
馑：（蔬菜、谷物）歉收。

几率　机率
概率的旧称。

机仓　机舱
舱：船、飞机等内部载人或装东西的部分。仓：仓房；仓库。

和牌　胡牌
和（hú）：打麻将或斗纸牌时某一家的牌合乎规定的要求，取得胜利。

斗蓬　斗篷
篷：指用竹木或苇席等制成的遮蔽日光和风雨的设备。
蓬：使蓬松。

掂量　惦量
掂：用手托着东西上下晃动来估量

轻重。

垦值　垦殖
殖：种植。垦殖：开垦荒地，进行生产。也作"垦植"。

端睨　端倪
倪：端绪；涯际。引申指事由。端倪：①事情的眉目；头绪。②指推测事物的始末。
睨：斜着眼睛看。

砝码　法码
①天平上作为质量标准的物体。②借指分量、条件。

狡诘　狡黠
黠（xiá）：聪明而狡猾。
诘（jié）：诘问。

报冷门　爆冷门
爆：出人意料地出现；突然发生。

订扣子　钉扣子
钉（dìng）：用针线把带子、纽扣等缝住。

横隔膜　横膈膜
膈：人或哺乳动物胸腔和腹腔之间的膜状肌肉。横膈膜：膈的旧称。

跶着鞋　汲着鞋
跶（tā）：跶拉。

排他性　排它性
他：指示代词。指别一方面或其他地方。

当人不让　当仁不让
《论语·卫灵公》："当仁不让于师。"指遇到应该做的事，积极主动去做，不退让。

豆蔻年华　豆蔻年华
豆蔻（kòu）：多年生草本植物。豆蔻年华：指女子十三四岁的年纪。
蔻（guān）：有机化合物，针状晶体，浅黄色。

殆人口实　贻人口实
贻（yí）：遗留。贻人口实：给人以可利用的借口；让人当作话柄。
殆（dài）：①危险。②差不多；几乎。

风靡一时　风糜一时
靡（mǐ）：顺风倒下。
糜：①粥。如"肉糜"。②烂。③浪费。

谆谆教诲　敦敦教诲
谆（zhūn）谆：形容恳切教导。

浮想联翩　浮想联篇
联翩：鸟飞的样子，形容连续不断。

拂然不悦　怫然不悦
怫：形容忧愁或愤怒。怫然：生气的样子。

斧底抽薪　釜底抽薪
釜：古代的炊事用具，相当于现在的锅。釜底抽薪：抽去锅底下的柴火，比喻从根本上解决。

功亏一溃　功亏一篑

篑（kuì）：盛土的筐子。功亏一篑：堆九仞高的土山，只差一筐土而不能完成。比喻一件大事只差最后一点人力物力而不能成功。

攻于心计　工于心计

工：长于；善于。

刚复自用　刚愎自用

愎（bì）：乖戾；执拗。

过目成诵　过目成颂

诵：背诵。过目成诵：看了一遍就能背诵出来，形容记忆力强。

颂：颂扬；祝颂。也指周代祭祀时用的舞曲。

鬼斧神工　鬼斧神功

工：精巧、精致。鬼斧神工：形容建筑、雕塑等技艺的精巧。

顾名思义　故名思义

顾：看。顾名思义：看到名称，就联想到它的意义。

刚柔相济　钢柔相济

刚：硬；坚强。跟"柔"相对。

钢：铁和碳的合金。

格尽职守　恪尽职守

恪（kè）：谨慎而恭敬。

根深柢固　根深抵固

柢（dǐ）：树根。

河清海宴　河清海晏

晏：平静，安逸。河清海晏：黄河的水清了，大海也平静了。形容天下太平。也作"海晏河清"。

嘎然而止　戛然而止

戛（jiá）：轻轻地敲打。戛然：形容声音突然中止。

汗流浃背　汗流夹背

浃：透；遍及。

含英咀华　含英举华

咀：嚼。含英咀华：比喻琢磨和领会诗文的要点和精神。

含情默默　含情脉脉

脉脉：默默地用眼神或行动表达情意的样子。

默默：不说话；不出声。

恒古不变　亘古不变

亘（gèn）：（空间上或时间上）延续不断。亘古：整个古代。

慧质兰心　蕙质兰心

蕙：蕙兰。蕙和兰都是香草。蕙质兰心：形容女子心地高雅而美好。

慧：聪明。

好整以暇　好整以瑕

暇：空闲。

瑕：玉上面的斑点，比喻缺点。

03

撷取　拮取	痉挛　痉挛	晃子　幌子	轮郭　轮廓
惊咤　惊诧	简牍　简犊	勘探　堪探	麦桔　麦秸
挤身　跻身	煎敖　煎熬	揩模　楷模	缅怀　湎怀
绯优　俳优	精髓　精隧	缭草　潦草	诬篾　诬蔑
峻工　竣工	匮乏　溃乏	拾缀　拾掇	炊火　文火

和衷共济　和舟共济	准备就绪　准备就序	精美绝伦　精美绝仑	
和霭可亲　和蔼可亲	进退唯谷　进退维谷	怙恶不俊　怙恶不悛	
晦淫晦盗　诲淫诲盗	汲汲可危　岌岌可危	厉精图治　励精图治	
浑然天成　混然天成	灸手可热　炙手可热	两腿蜷曲　两腿卷曲	
寒风烈烈　寒风猎猎	金榜题名　金榜提名	两鬓斑白　两鬘斑白	

幌然大悟　恍然大悟	举一反三　举一返三	厉行节约　励行节约	
煌煌巨著　皇皇巨著	减口不言　缄口不言	旁人门户　傍人门户	
溘然长逝　阖然长逝	积重难反　积重难返	破涕为笑　破啼为笑	
瑕不掩玉　瑕不掩瑜	酒过三巡　酒过三旬	笼络人心　拢络人心	
饥肠漉漉　饥肠辘辘	既往不咎　既往不究	泪水连连　泪水涟涟	

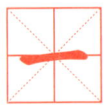 

撷取　拮取

撷（xié）：摘下，取下。

拮：拮据。

惊咤　惊诧

诧（chà）：惊讶。

咤（zhà）：发怒声。

挤身　跻身

跻（jī）：登；上升。跻身：使自己上升到（某种行列、位置等）。

绯优　俳优

俳（pái）：古代指滑稽戏，也指演滑稽戏的艺人。俳优：古代指演滑稽戏的艺人。

绯：红色。

峻工　竣工

竣：完毕。

峻：①高大。②严厉。如"严峻"。

痉孪　痉挛

挛：蜷曲不能伸直。

孪：孪生。

简牍　简犊

牍（dú）：古代写字用的木片。简牍：①古代书写用的竹片和木片。②指书信、文书。

犊：小牛。

煎敖　煎熬

熬：忍受（疼痛或艰苦的生活等）。

精髓　精隧

髓：骨髓。比喻精华，要旨。

隧：地道。

匮乏　溃乏

匮：缺乏。

晃子　幌子

幌：帷幔。幌子：①商店门外表明所卖商品的标志。②比喻进行某种活动时所假借的名义。

勘探　堪探

勘：实地查看；探测。

堪：①可；能。如"堪当重任"。②能忍受；能承受。如"不堪凌辱"。

揩模　楷模

楷（kǎi）：法式；模范。楷又读"jiē"，指黄连木。楷模：榜样；模范。

揩（kāi）：擦；抹。

缭草　潦草

潦：潦草。

缭：①缠绕。②一种缝纫方法。

拾缀　拾掇

掇（duō）：拾取；用双手拿。

轮郭　轮廓
廓（kuò）：物体的外缘。
郭：①古代在城的外围加筑的一道城墙。如"城郭"。②物体周围的边或框。

麦桔　麦秸
秸（jiē）：秸秆。

缅怀　湎怀
缅：遥远。缅怀：怀念；追想（已往的人或事）。
湎：沉迷于酒。

诬篾　诬蔑
蔑：用恶言进行诋毁。诬蔑：捏造事实败坏别人的名誉。
篾：竹子劈成的薄片，也泛指苇子或高粱秆上劈下的皮。

炆火　文火
文：柔和；不猛烈。文火：烹饪、煎药时用的较弱的火。
炆：用文火炖食物或熬菜。

和衷共济　和舟共济
比喻同心协力，共同克服困难。
衷：内心。

和霭可亲　和蔼可亲
蔼：和气；和善。
霭：云气。如"暮霭"。

晦淫晦盗　诲淫诲盗
诲：诱导。诲淫诲盗：引诱人做奸淫、盗窃的事。

浑然天成　混然天成
浑然：形容完整不可分割。

寒风烈烈　寒风猎猎
猎猎：形容风声及旗帜等被风吹动的声音。

幌然大悟　恍然大悟
恍：恍然，形容忽然醒悟。
幌：帷幔。

煌煌巨著　皇皇巨著
皇皇：形容堂皇，盛大。
煌煌：形容明亮。

溘然长逝　阖然长逝
溘（kè）：忽然；突然。
阖（hé）：总共；全。如"阖家"。

瑕不掩玉　瑕不掩瑜
瑜：玉的光彩，比喻优点。

饥肠漉漉　饥肠辘辘
辘（lù）：利用轮轴原理制成的一种起重工具，通常安在井上汲水。辘辘：象声词，形容饥饿时肠中虚鸣声。
漉（lù）：液体往下渗。如"湿漉漉"。

准备就绪　准备就序
绪：指事情的开端。就绪：事情安排妥当。

进退唯谷　进退维谷
维：语助词。谷：山谷，比喻困难的境地。进退维谷：进退两难。

汲汲可危　岌岌可危
岌岌：形容十分危险，快要倾覆或灭亡。
汲（jí）汲：形容心情迫切，努力追求。如"汲汲于富贵"。

灸手可热　炙手可热
炙（zhì）：烤。
灸（jiǔ）：中医的一种治疗方法，用燃烧的艾绒等熏烤一定的穴位或患部。

金榜题名　金榜提名
题：写上；签上。

举一反三　举一返三
反：类推。

减口不言　缄口不言
缄：封闭。

积重难反　积重难返
返：回。

酒过三巡　酒过三旬
巡：遍（用于给全座斟酒）。
旬：①十日为一旬。如"三月上旬"。
②十岁为一旬。如"八旬老人"。

既往不咎　既往不究
咎（jiù）：责备。

精美绝伦　精美绝仑
伦：同类；同等。

怙恶不俊　怙恶不悛
怙（hù）：依靠。
悛（quān）：悔改。

厉精图治　励精图治
励：振奋；振作。

两腿蜷曲　两腿卷曲
蜷（quán）曲：弯曲。多用于人或动物的肢体。

两鬓斑白　两鬃斑白
鬓（bìn）：鬓角。
鬃（zōng）：马、猪等颈上的长毛。

厉行节约　励行节约
厉行：严格执行。

旁人门户　傍人门户
傍：依托。傍人门户：比喻依附别人，不能自主。

破涕为笑　破啼为笑
涕：眼泪。破涕：止住流泪。

笼络人心　拢络人心
笼络：用手段拉拢。

泪水连连　泪水涟涟
涟：泪流不断的样子。

04

棉软 绵软	莫然 漠然	书扎 书札	嗽口 漱口
澄沏 澄澈	顷刻 倾刻	霎时 刹时	肄业 肆业
气慨 气概	缺撼 缺憾	缜密 慎密	收迄 收讫
全愈 痊愈	潜越 僭越	厮杀 撕杀	拨冗 拨冗
亲睐 青睐	肉末 肉沫	深遂 深邃	谢逝 谢世

毛骨悚然　毛骨耸然
目不瑕接　目不暇接
目眦欲裂　目呲欲裂
名门旺族　名门望族
名声大躁　名声大噪

恋恋不舍　念念不舍
峨冠搏带　峨冠博带
平步青云　平步轻云
平心而论　凭心而论
偏安一隅　偏安一偶

人头撺动　人头攒动
诺大年纪　偌大年纪
气喘嘘嘘　气喘吁吁
立杆见影　立竿见影
前踞后恭　前倨后恭

明堂用尽　名堂用尽
泯灭人性　抿灭人性
满目疮痍　满目仓夷
慢不经心　漫不经心
漫患不清　漫漶不清

频临崩溃　濒临崩溃
绕有风趣　饶有风趣
俗不可耐　俗不可奈
洒血为盟　歃血为盟
始作佣者　始作俑者

清翠欲滴　青翠欲滴
契而不舍　锲而不舍
跷首盼望　翘首盼望
穷兵牍武　穷兵黩武
人才辈出　人才倍出

看一看 04

棉软　绵软
绵：薄弱；柔软。

澄沏　澄澈
澈（chè）：水清。澄澈：清澈透明。
沏（qī）：（用开水）冲；泡。

气慨　气概
概（gài）：气度神情。
慨（kǎi）：①愤激。②感慨。③慷慨。

全愈　痊愈
痊：病愈。

亲睐　青睐
青：指黑眼珠。睐：看。青睐：用正眼相看，指喜爱或重视。

莫然　漠然
漠：冷淡地；不经心地。

顷刻　倾刻
顷（qǐng）：极短的时间。

缺撼　缺憾
憾：失望；不满足。
撼：摇；摇动。

潜越　僭越
僭（jiàn）：超越本分。

肉末　肉沫
末：末子，细碎的或成面儿的东西。
沫：泡沫。

书扎　书札
札：信件。

霎时　刹时
霎：短时间；一会儿。
"刹"组词时用于"刹那"。瞬间。

缜密　慎密
缜（zhěn）：细致。

厮杀　撕杀
厮：互相。

深遂　深邃
邃：（时间、空间）深远。
深邃：①从上到下或从外到里的距离大。②深奥。

嗽口　漱口
漱（shù）：含水冲洗（口腔）。
嗽（sòu）：咳嗽。

肄业　肆业
肄（yì）：学习。
肄业：①修业；学习（课程）。②（学生）没有达到毕业年限或程度而离校停学。

收迄　收讫

讫：完结。收讫：收清。

迄：到。如"迄今为止"。

拨冗 拨冗

推开繁忙的事务，抽出时间。

谢逝 谢世

世：人间。谢世：婉词，指去世。

毛骨悚然 毛骨耸然

悚然：害怕的样子。

目不瑕接 目不暇接

也说目不暇给。

目眦欲裂 目呲欲裂

眦（zì）：上下眼睑的接合处。目眦欲裂：眼眶都要裂开了。形容非常愤怒。

呲（cī）：申斥；斥责。

名门旺族 名门望族

望：名望，也指有名望的人。

名声大躁 名声大噪

噪：广为传扬。

明堂用尽 名堂用尽

名堂：花样；名目。

泯灭人性 抿灭人性

泯：丧失。

满目疮痍 满目仓夷

疮（chuāng）痍：创伤，比喻遭受破坏或灾害后的景象。也作"创痍"。

慢不经心 漫不经心

漫：不受约束；随便。

漫患不清 漫漶不清

漫漶（huàn）：文字、图画等因磨损或浸水受潮而模糊不清。

恋恋不舍 念念不舍

恋：想念不忘；不忍分离。

峨冠搏带 峨冠博带

博：大。峨冠博带：高高的帽子和宽大的衣带，指古时士大夫的装束。

平步青云 平步轻云

青云：比喻高的地位。

平心而论 凭心而论

平：安定。平心而论：平心静气地评论。

偏安一隅 偏安一偶

隅（yú）：角落。

频临崩溃 濒临崩溃

濒：临近；接近。

绕有风趣 饶有风趣

饶：丰富；多。

俗不可耐 俗不可奈

耐：忍受。俗不可耐：庸俗得使人受不了。

洒血为盟 歃血为盟

歃（shà）：饮，专指歃血。古代举行盟会时饮牲畜的血或嘴唇涂上牲畜的血，表示诚意。

始作佣者 始作俑者
俑：古代殉葬的偶像。始作俑者：孔子反对用俑殉葬，他说，开始用俑殉葬的人，大概没有后嗣了吧！后泛指恶劣风气的创始者。

人头揔动 人头攒动
攒（cuán）动：拥挤着移动。
揔：①抛掷。②匆忙地做。

诺大年纪 偌大年纪
偌（ruò）：指示代词。这么；那么。

气喘嘘嘘 气喘吁吁
吁吁：形容出气的声音。

立杆见影 立竿见影
竿：竿子。
杆：①器物的像棍子的细长部分（包括中空的）。②用于有杆的器物。如"一杆秤"。

前踞后恭 前倨后恭
倨（jù）：傲慢。

清翠欲滴 青翠欲滴
青翠：鲜绿色。

契而不舍 锲而不舍
锲（qiè）：雕刻。锲而不舍：雕刻一件东西，一直刻下去不放手，比喻做事情能坚持到底，不半途而废。

跷首盼望 翘首盼望
翘：抬起（头）。

穷兵掍武 穷兵黩武
黩（dú）：轻率；轻举妄动。

人才辈出 人才倍出
辈出：(人才)一批一批地连续出现。

05

纯古	淳古	映证	印证	杵逆	忤逆
妥胁	妥协	辟如	譬如	响午	晌午
挑畔	挑衅	煺毛	褪毛	陷井	陷阱
通谍	通牒	滩途	滩涂	修葺	修葺
弹簧	弹簧	屋檐	屋沿	宣泄	渲泄

弱不禁风	弱不经风	万赖俱寂	万籁俱寂	响誉全球	享誉全球
三翻两次	三番两次	未竟之志	未竟之志	闲情逸志	闲情逸致
失口抵赖	矢口抵赖	未雨绸谬	未雨绸缪	理曲词穷	理屈词穷
矢志不渝	矢志不逾	妄自非薄	妄自菲薄	星罗棋布	星罗旗布
黄梁美梦	黄粱美梦	物埠民丰	物阜民丰	循规蹈矩	徇规蹈距

食不果腹	食不裹腹	闻名遐迩	闻名瑕迩
嬉笑怒骂	嘻笑怒骂	惮精竭虑	殚精竭虑
素昧平生	素眛平生	皇天厚土	皇天后土
神采弈弈	神采奕奕	凤冠霞披	凤冠霞帔
熟视无睹	孰视无睹	浩首穷经	皓首穷经

头昏脑涨	头昏脑胀	望而怯步	望而却步
兔起鹊落	兔起鹘落	海市蜃楼	海市唇楼
滔滔不绝	涛涛不绝	心无旁骛	心无旁鹜
提纲挈领	提纲掣领	心心相惜	惺惺相惜
膛目结舌	瞠目结舌	凶相毕露	凶相必露

看一看 05

纯古 淳古
淳厚古朴。

妥胁 妥协
协：调和；和谐。

挑畔 挑衅
衅（xìn）：嫌隙；争端。

通谍 通牒
牒：文书或证件。

弹簧 弹簧
簧：器物上有弹力的机件。
篁：竹林，也指竹子。

映证 印证
印：符合。如"心心相印"。

辟如 譬如
譬：比喻；比方。

煺毛 褪毛
煺：已宰杀的猪、鸡等用滚水烫后去掉毛。

滩途 滩涂
涂：海涂的简称。

屋檐 屋沿
檐：屋顶向旁伸出的边沿部分。或是某些器物上形状像房檐的部分，如"帽檐"。

杵逆 忤逆
忤（wǔ）：不顺从；不和睦。
杵（chǔ）：①一头粗一头细的圆木棒，用来在臼里捣粮食等或洗衣服时捶衣服。②用杵捣。

响午 晌午
晌（shǎng）：中午。

陷井 陷阱
阱：捕野兽用的陷坑。

修葺 修葺
葺（qì）：用茅草覆盖房顶，指修理房屋。

宣泄 渲泄
宣：疏导。

弱不禁风 弱不经风
禁：禁受；耐。

三翻两次 三番两次
番：回；次；遍。

失口抵赖 矢口抵赖
矢：发誓。

矢志不渝 矢志不逾
渝：改变。
逾：超过；越过。

黄梁美梦　黄粱美梦
唐·沈既济《枕中记》：有个叫卢生的，在旅店中遇见一个道士，卢生自叹穷困。道士借给他一个枕头，要他枕着睡觉。这时店家正煮小米饭。卢生在梦中享尽了一生荣华富贵。一觉醒来，小米饭还没熟。后用"黄粱美梦"比喻不切实际，不能实现的如意打算。黄粱：小米饭。

食不果腹　食不裹腹
果腹：吃饱肚子。

嬉笑怒骂　嘻笑怒骂
嬉：游戏；玩耍。嬉笑怒骂：指欢喜和愤怒等不同感情的表现。常用来形容写作不拘题材形式，任意发挥。
嘻：①表示惊叹。②形容笑的声音。

素昧平生　素味平生
昧（mèi）：糊涂；不明白。

神采弈弈　神采奕奕
奕奕：精神饱满的样子。

熟视无睹　孰视无睹
熟：因常见或常用而知道得很清楚。

头昏脑涨　头昏脑胀
涨：（头部）充血。

兔起鹘落　兔起鹄落
鹘（hú）：隼的旧称。一种猛禽。

兔起鹘落：兔子刚开始奔跑，鹘就猛扑上去。形容动作极为迅速。

滔滔不绝　涛涛不绝
滔滔：形容连续不断。也形容大水滚滚。

提纲挈领　提纲掣领
挈（qiè）：举；提。

瞠目结舌　瞪目结舌
瞠（chēng）：瞪着眼睛看。

万籁俱寂　万籁俱寂
籁：从孔穴里发出的声音，泛指声音。

未竟之志　未竟之志
竟：完毕。

未雨绸缪　未雨绸缪
缪（móu）：缠绵。未雨绸缪：趁着天没下雨，先修缮房屋门窗，比喻事先做好准备。

妄自菲薄　妄自菲薄
菲薄：瞧不起。

物埠民丰　物阜民丰
阜（fù）：（物资）多。
埠（bù）：①码头，多指有码头的城镇。②商埠。

闻名遐迩　闻名瑕迩
遐：远。遐迩：远近。

惮精竭虑　殚精竭虑
殚：竭尽。殚精竭虑：用尽精力，

费尽心思。

惮：畏惧；怕。

皇天厚土　皇天后土

皇天：古代称天。后土：古代称地。

皇天后土：指天地神灵。

凤冠霞披　凤冠霞帔

帔（pèi）：古代披在肩背上的服饰，妇女用的帔绣着各种花纹。霞帔：我国古时贵族妇女礼服的一部分，类似披肩。

披：①覆盖或搭在肩背上。②打开；散开。如"纷披"。③（竹木等）裂开。

浩首穷经　皓首穷经

皓（hào）：白；明亮。皓首：白头（指年老）。

望而怯步　望而却步

却步：因畏惧或厌恶而向后退。

怯（qiè）：胆小；害怕。

海市屋楼　海市蜃楼

蜃（shèn）：传说中的蛟属。能吐气成海市蜃楼。海市蜃楼：大气中由于光线的折射作用而形成的一种自然现象。

心无旁鹜　心无旁骛

旁骛：另外的追求。

心心相惜　惺惺相惜

惺：醒悟；清醒。惺惺：指聪明的人。

凶相毕露　凶相必露

毕：全；完全。

响誉全球　享誉全球

享誉：享有盛誉。

闲情逸志　闲情逸致

致：情趣。

理曲词穷　理屈词穷

屈：理亏。

星罗棋布　星罗旗布

像星星似的罗列着，像棋子似的分布着，形容多而密集。

循规蹈矩　徇规蹈距

循（xún）：遵守；依照；沿袭。

矩：法度，规则。

徇（xùn）：依从；曲从。

06

杨柳	杨柳	杂揉	杂糅	铮言	诤言
鱼鳃	鱼腮	冥玩	冥顽	磷选	遴选
要挟	要协	酝酿	蕴酿	缉查	稽查
陨命	殒命	范筹	范畴	揖首	稽首
誊写	誉写	制肘	掣肘	唱诺	唱喏

雄纠纠	雄赳赳	针砭时弊	针贬时弊	众口铄金	众口烁金
一阕词	一阙词	义愤填膺	义愤填膺	再接再厉	再接再励
一滩血	一摊血	命途多桀	命途多舛	自出机抒	自出机杼
扎钢机	轧钢机	善罢甘休	善罢干休	张皇失措	张黄失措
醉醺醺	醉熏熏	纭纭众生	芸芸众生	铮铮铁骨	诤诤铁骨

休息相关	休戚相关	忧心冲冲	忧心忡忡
一丘之貉	一丘之豺	欲盖弥彰	欲盖弥张
一如既往	一如继往	殃然不悦	怏然不悦
引吭高歌	引亢高歌	越俎代疱	越俎代庖
捉拿元凶	捉拿原凶	睚眦必报	涯眦必报

泓雁传情	鸿雁传情	揠旗息鼓	偃旗息鼓
云蒸霞慰	云蒸霞蔚	子弹上膛	子弹上镗
央央大国	泱泱大国	瓦斧雷鸣	瓦釜雷鸣
言笑焉然	言笑嫣然	不知就理	不知就里
言简意赅	言简意陔	咋暖还寒	乍暖还寒

看一看

杨枊 杨柳
杨柳：指杨树和柳树。
枊（àng）：拴马桩。

鱼鳃 鱼腮
鳃：某些水生动物的呼吸器官。
腮：两颊的下半部。

要挟 要协
挟：挟制。

陨命 殒命
殒：丧失（生命）；死亡。
陨：陨落。

誊写 誉写
誊（téng）：誊写。
誉（yù）：①名誉。②称赞。

杂揉 杂糅
糅：混杂。
揉：指用手来回搓。

冥玩 冥顽
顽：愚蠢无知。冥顽：昏庸顽钝。

酝酿 蕴酿
酝：①酿酒。②酒。酝酿：造酒的发酵过程，比喻做准备工作。
蕴：①包含；蓄积。②事理深奥的地方。如"底蕴"。

范筹 范畴
畴：种类；类别。范畴：①人的思维对客观事物的普遍本质的概括和反映。②类型；范围。

制肘 掣肘
掣（chè）：拽；拉。掣肘：拉住胳膊，指阻挠别人做事。

铮言 诤言
诤（zhèng）：直爽地劝告。

磷选 遴选
遴：谨慎选择。

缉查 稽查
稽：查考。稽查：①检查（走私、偷税、违禁等活动）。②担任这种检查工作的人。

揖首 稽首
①古时的一种礼节，跪下，拱手至地，头也至地。②出家人的行礼方式，先举一手至胸前，再俯首至手。稽读作"qǐ"。

唱诺 唱喏
喏：在这里读作"rě"。唱喏：作揖。在早期白话中，"唱喏"是一面作揖，一面出声致敬。

雄纠纠　雄赳赳
赳赳：健壮威武的样子。

一阕词　一阙词
阕（què）：歌曲或词一首叫一阕。
阙（quē）：①过失；疏失。②同"缺"。
阙（què）：①古代皇宫大门前两边供瞭望的楼，借指帝王的住所。②神庙、陵墓前竖立的石狮。

一滩血　一摊血
摊：量词。用于摊开的糊状物。

扎钢机　轧钢机
轧：多音字，这里读作"zhá"，轧钢。

醉醺醺　醉熏熏
醺：酒醉。

休息相关　休戚相关
戚：忧愁；悲哀。休戚：欢乐和忧愁，泛指有利的和不利的遭遇。

一丘之貉　一丘之豺
貉（hé）：哺乳动物，外形像狐而较小。通称貉子。

一如既往　一如继往
既往：以往。

引吭高歌　引亢高歌
吭（háng）：喉咙。
亢（kàng）：高；高傲。如"高亢"。

捉拿元凶　捉拿原凶
元凶：祸首。

泓雁传情　鸿雁传情
鸿：指鸿雁。也叫大雁。

云蒸霞慰　云蒸霞蔚
蔚：弥漫。

央央大国　泱泱大国
泱泱：形容气魄宏大。

言笑焉然　言笑嫣然
嫣：容貌美好。

言简意赅　言简意陔
赅（gāi）：完备；全。
陔（gāi）：①靠近台阶下边的地方。②级；层。③田间的土埂。
注："陔"易与"垓"混淆。如"垓下之围"易被错写成"陔下之围"。

针砭时弊　针贬时弊
砭（biān）：比喻讥刺；批评。

义愤填赝　义愤填膺
膺（yīng）：胸。
赝（yàn）：伪造的。如"赝品"。

命途多桀　命途多舛
舛（chuǎn）：不顺遂；不幸。

善罢甘休　善罢干休
甘：自愿；乐意。善罢甘休：好好地了结纠纷，不闹下去。多用于否定式。

纭纭众生　芸芸众生
芸芸：形容众多。

忧心冲冲　忧心忡忡

忡（chōng）：忧虑不安。

欲盖弥彰　欲盖弥张

彰：明显；显著。

殃然不悦　怏然不悦

怏（yàng）然：形容不高兴的样子。

越姐代疱　越俎代庖

庖：厨师。

疱（pào）：皮肤上长的像水泡的小疙瘩。

睚眦必报　涯眦必报

睚眦：像被人瞪了一眼那样的极小的仇恨。

揠旗息鼓　偃旗息鼓

偃（yǎn）：仰面倒下；放倒。

揠（yà）：拔。如"揠苗助长"。

子弹上膛　子弹上镗

膛：器物的中空的部分。

镗（táng）：用镗床切削机器零件上已有的孔眼。

瓦斧雷鸣　瓦釜雷鸣

釜：古代的炊事用具，相当于现在的锅。瓦釜雷鸣：瓦釜敲得雷一般的响。比喻平庸的人或事物受到重用或重视而显赫一时。

不知就理　不知就里

就里：内部情况。

咋暖还寒　乍暖还寒

乍：刚刚；起初。

众口铄金　众口烁金

铄（shuò）：熔化（金属）。

烁（shuò）：光亮的样子。

再接再厉　再接再励

厉：古同"砺"。砺：磨快。原指公鸡相斗时，在每次交锋之前，先磨一下嘴。后多作"再接再厉"，比喻继续努力。

自出机抒　自出机杼

杼（zhù）：古代指梭。机杼：①指织布机。②比喻诗文等的构思和布局。

张皇失措　张黄失措

张皇：惊慌；慌张。

铮铮铁骨　诤诤铁骨

铮（zhēng）铮：形容坚贞、刚强。

07

臆想 癔想	白晳 白皙	车辄 车辙	草婪 草婪
协迫 胁迫	攀篱 樊篱	葆奖 褒奖	嘌呤 嘌呤
哀掉 哀悼	荼毒 荼毒	苍桑 沧桑	床第 床笫
暗哑 喑哑	撂下 撂下	编篡 编纂	粗燥 粗糙
鏖战 鏖战	拜竭 拜谒	聪慧 聪惠	孳生 孳生

钟灵敏秀 钟灵毓秀	不径之谈 不经之谈	兵戎相见 兵戈相见
追根溯源 追根朔源	不拘言笑 不苟言笑	比比皆是 彼彼皆是
革故顶新 革故鼎新	不为已甚 不为己甚	冲耳不闻 充耳不闻
纵横捭阖 纵横椑阖	比肩继锤 比肩继踵	敝帚自珍 蔽帚自珍
置若罔闻 置若惘闻	计不旋钟 计不旋踵	层峦叠嶂 层峦迭嶂

安之若泰 安之若素	不寒而栗 不寒而粟	众目暌暌 众目睽睽
白衣沧狗 白衣苍狗	不落窠臼 不落巢臼	惩前毙后 惩前毖后
灿然一笑 粲然一笑	不冀而飞 不翼而飞	分道扬镖 分道扬镳
草管人命 草菅人命	百战不殆 百战不怠	味同嚼腊 味同嚼蜡
侧隐之心 恻隐之心	并行不背 并行不悖	大雨滂沱 大雨磅礴

037

看一看 07

臆想 **癔**想
臆：主观地。
癔：癔病。

协迫 **胁**迫
胁：胁迫。

哀掉 **哀**悼
悼（dào）：悼念。

暗哑 **喑**哑
喑（yīn）：嗓子哑，不能出声。喑哑：嗓子干涩发不出声音或发音低而不清楚。

鏖战 **鏊**战
鏖：鏖战。
鏊：一种平底锅。"鏊"古通"鏖"。现在多用"鏖战"。

白皙 **白晳**
皙（xī）：人的皮肤白。
晳（zhé）：明亮。

攀篱 **樊篱**
樊：篱笆。

荼毒 **茶毒**
荼(tú)：古书上说的一种苦菜。荼毒：荼是一种苦菜，毒指毒虫毒蛇之类，借指毒害。

撂下 **摞**下
撂（liào）：放；搁。
摞（luò）：①把东西重叠地往上放。②用于重叠放置的东西。

拜竭 **拜谒**
谒（yè）：谒见。

车辄 **车辙**
辙：车轮轧出的痕迹；车辙。
辄：总是；就。如"浅尝辄止"。

葆奖 **褒奖**
褒：赞扬；夸奖。也有（衣服）肥大之意，如"褒衣博带"。
葆：保持；保护。

苍桑 **沧桑**
沧：（水）青绿色。沧桑：沧海桑田的略语。

编篡 **编纂**
纂（zuǎn）：编辑。
篡（cuàn）：夺取，多指篡位。

聪慧 **聪惠**
慧：聪明。

草蒌 **草篓**
篓：篓子。

蒌：蒌蒿。多年生草本植物。

嘌吟　嘌呤

有机化合物。呤读作"lìng"。

吟：①吟咏。②呻吟。

床第　床笫

笫（zǐ）：竹篾编的席。床笫：床铺。多指闺房或夫妇之间。

粗燥　粗糙

糙（cāo）：粗糙；不细致。粗糙：①（质料）不精细；不光滑。②（工作等）草率；不细致。

燥（zào）：缺少水分；干燥。

孳生　孳生

孳（zī）：繁殖。

钟灵敏秀　钟灵毓秀

毓（yù）：生育；养育。钟灵毓秀：指聚集天地灵气的美好自然环境产生优秀的人物。

追根溯源　追根朔源

溯（sù）：往上推求或回想。

革故顶新　革故鼎新

鼎新：革新。

纵横捭阖　纵横椑阖

捭（bǎi）：分开。捭阖：开合，指运用手段使联合或分化。

椑（pí）：古代一种椭圆形的酒器。

置若罔闻　置若惘闻

罔（wǎng）：没有；无。

安之若泰　安之若素

素：素来；向来。安之若素：像平常一样对待，毫不在意。

白衣沧狗　白衣苍狗

杜甫《可叹》诗："天上浮云似白衣，斯须改变如苍狗。"后来用"白衣苍狗"比喻世事变幻无常。也作"白云苍狗"。

灿然一笑　粲然一笑

粲：鲜明；美好。粲然：这里指笑时露出牙齿的样子。

灿然：形容明亮。

草管人命　草菅人命

菅（jiān）：多年生草本植物。草菅人命：把人命看得和野草一样，指任意残杀人民。

侧隐之心　恻隐之心

恻：悲伤。

侧：旁边；向旁边歪斜。

不径之谈　不经之谈

经：正常。不经之谈：荒诞无稽的话。

不拘言笑　不苟言笑

苟：随便。

不为己甚　不为己甚

已甚：过分。不为已甚：不做太过分的事，多指对人的责备或处罚适可而止。

比肩继锺　比肩继踵

踵（zhǒng）：脚后跟。比肩继踵：肩挨着肩，脚挨着脚，形容人多拥挤。

锺：姓。

计不旋钟　计不旋踵

旋踵：转过脚后跟，比喻极短时间。指在极短时间内就打定主意。

不寒而栗　不寒而粟

栗：发抖；哆嗦。

粟：①谷子。②姓。

不落窠臼　不落巢臼

窠臼：比喻现成格式；老套子（多指文章或其他艺术品）。不落窠臼：指文章或艺术有独创风格，不落俗套。

不翼而飞　不翼而飞

翼：翅膀。

冀(jì)：①希望；希图。②河北的别称。

百战不殆　百战不怠

殆：危险。百战不殆：每次打仗都不失败。

并行不悖　并行不悖

悖：相反；违反。并行不悖：同时实行，互不冲突。

兵戎相见　兵戈相见

兵戎：指武器、军队。兵戎相见：指发生武装冲突。

兵戈：兵器，借指战争。

比比皆是　彼彼皆是

比比：到处。

冲耳不闻　充耳不闻

充：装满；塞住。

敝帚自珍　蔽帚自珍

敝：破旧，破烂。敝帚自珍：破扫帚，自己当宝贝爱惜，比喻东西虽不好，可是自己珍视。

蔽：遮盖，挡住。

层峦叠嶂　层峦迭嶂

叠：一层加上一层；重复。叠嶂：重叠的山峰。

迭：①轮流；替换。②屡次。

众目睽睽　众目暌暌

睽睽：形容注视。

暌：隔开；分离。如"暌违"。

惩前毖后　惩前毙后

毖：谨慎小心。惩前毖后：吸取过去的教训，以后小心，不致重犯错误。

分道扬镳　分道扬镳

镳（biāo）：马嚼子的两端露出嘴外的部分。分道扬镳：分道而行。比喻因目标不同而各奔各的前程或各干各的事情。

镖：旧式武器。

味同嚼蜡　味同嚼蜡

蜡：①动植物所产生的，或石油、煤、油页岩中所含的油质，常温下多为固体，能燃烧，易熔化。②蜡烛。

大雨滂沱　大雨磅礴

滂沱：形容雨下得很大。

磅礴：①（气势）盛大。②（气势）充满。如"磅礴宇内"。

08

葱茏 葱笼	褡练 褡裢	公努 公帑	粳米 粳米
瓷铁 磁铁	煅烧 锻烧	沟洫 沟恤	花届 花界
潮讯 潮汛	稻穗 稻穟	厥菜 蕨菜	浩瀚 浩翰
底韵 底蕴	碉堡 雕堡	缸豆 豇豆	噱头 嚎头
诋报 邸报	浮躁 浮燥	沟连 勾连	冒然 贸然

百衲本 百纳本	风声鹤唳 风声鹤唳	共攘义举 共襄义举	
泊来品 舶来品	待价而估 待价而沽	含饴弄孙 含怡弄孙	
杆面杖 擀面杖	单食壶浆 箪食壶浆	汉牛充栋 汗牛充栋	
掉书袋 吊书袋	洞晰一切 洞悉一切	含浦还珠 合浦还珠	
侩子手 刽子手	风雨如晦 风雨如诲	庶子成名 竖子成名	

大放噘词 大放厥词	风姿卓约 风姿绰约	好高骛远 好高鹜远	
丹书铁卷 丹书铁券	封豕长蛇 封逐长蛇	鸿篇巨制 宏篇巨制	
灯火阑珊 灯火斓珊	斐然成章 蜚然成章	虎视眈眈 虎视眈眈	
打乱阵脚 打乱阵角	甘冒不韪 甘冒不违	胡子拉碴 胡子拉渣	
独辟溪径 独辟蹊径	和盘托出 合盘托出	迫在眉睫 迫在眉梢	

看一看

葱茏　葱笼
茏：①草名。②茂密；茂盛。葱茏：（草木）青翠茂盛。

瓷铁　磁铁
磁：某些物质能吸引铁、镍等金属的性能。
瓷：①用高岭土烧制成的材料。②指瓷器。

潮讯　潮汛
一年中定期的大潮。

底韵　底蕴
蕴：事理深奥的地方。

诋报　邸报
邸：高级官员的住所。邸报：中国古代报纸的通称。地方长官在京师设邸，邸中传抄诏令、奏章等，以报于诸藩，故称。
诋：说坏话；骂。

褡练　褡裢
①长方形的口袋。②摔跤运动员摔跤时所穿的一种用多层布制成的上衣。

煅烧　锻烧
煅：放在火里烧（中药制法）。
锻：锻造。

稻樛　稻穗
穗（suì）：稻麦等禾本科植物的花或果实聚生在茎的顶端。
樛（huì）：古书上说的一种树。

碉堡　雕堡
碉：碉堡。军事上防守用的坚固建筑物。

浮躁　浮燥
躁：性急；不冷静。浮躁：轻浮急躁。
燥（zào）：缺少水分；干燥。

公努　公帑
帑（tǎng）：国库里的钱财。公帑：公款。

沟洫　沟恤
洫（xù）：田间的水道。

厥菜　蕨菜
蕨：多年生草本植物，生长在山野草地里。
厥：失去知觉，不省人事。也有"其、他的"的意思。如"大放厥词"。

缸豆　豇豆
豇（jiāng）：豇豆。一年生草本植物。

沟连　勾连
勾：勾结。勾连：①勾结。②牵涉；

牵连。

粳米 梗米

粳(jīng)：粳稻。粳米：粳稻碾出的米，黏性强。

梗（gěng）：①某些植物的枝或茎。②挺直。③顽固，如"顽梗"。④阻塞；妨碍，如"从中作梗"。

花届 花**界**

花界：①指佛寺。②旧指妓女界。

浩**瀚** 浩翰

瀚（hàn）：广大。浩瀚：①水势大。②形容广大或繁多。

翰（hàn）：原指羽毛，后来借指毛笔、文字、书信。

噱头 嗉头

噱（xué）：笑。噱头：引人发笑的话或举动。

喙(huì)：①鸟兽的嘴。②借指人的嘴。

冒然 **贸**然

贸：轻率；鲁莽。

百**衲**本 百纳本

衲：补缀。引申为拼凑而成。百衲本：用许多不同的版本汇集而印成的书籍。

泊来品 **舶**来品

舶：航海大船。舶来品：进口的货物，也指从海外引进的事物。

泊：①船靠岸；停船。②停留。③停车。

杆面杖 **擀**面杖

擀（gǎn）：用棍棒来回碾。

掉书袋 吊书袋

讥讽人爱引用古书词句，卖弄才学。

侩子手 **刽**子手

刽（guì）：割断。

大放噘词 大放**厥**词

厥：指示代词。其；他的。

噘：翘起（嘴唇）。如"噘嘴"。

丹书铁卷 丹书铁**券**

券（quàn）：票据或作为凭证的纸片。

丹书铁券：帝王颁赐给功臣的世代享受免罪特权的凭证。

灯火**阑**珊 灯火斓珊

阑：将尽。阑珊：将尽；衰落。

斓：色彩错杂。

打乱阵**脚** 打乱阵角

阵脚：指所摆的阵的最前方，现多用于比喻。

独辟溪径 独辟**蹊**径

蹊：小路。蹊径：途径。

风声鹤戾 风声鹤**唳**

唳：(鹤、鸿雁等）的鸣叫。

戾：①罪过。②乖张。

待价而估　待价而沽
沽：①买。②卖。待价而沽：等待有好价钱才出售。现多比喻等待有好的待遇、条件才肯答应任职或做事。

单食壶浆　箪食壶浆
箪（dān）：古代盛饭用的圆形竹器。箪食壶浆：古时老百姓用箪盛饭，用壶盛汤来欢迎他们爱戴的军队，后用来形容军队受欢迎的情况。

洞晰一切　洞悉一切
悉：知道。洞悉一切：很清楚地知道一切。
晰：清楚；明白。如"清晰"。

风雨如晦　风雨如诲
晦：夜晚。风雨如晦：《诗经·郑风·风雨》："风雨如晦，鸡鸣不已。"意思是说风雨交加，白天如同黑夜一样昏暗。后形容局势动荡或社会黑暗。
诲（huì）：教导；诱导。

风姿卓约　风姿绰约
绰（chuò）：（体态）柔美。绰约：形容女子姿态柔美的样子。
卓：①高而直。②高明。

封豕长蛇　封逐长蛇
豕（shǐ）：猪。封豕长蛇：大猪长蛇。比喻贪婪凶残的势力。

斐然成章　蜚然成章
斐：有文采。
蜚：古书上指椿象一类的昆虫。

甘冒不韪　甘冒不违
韪（wěi）：指好的或正确的（言行）。
不韪：过失；不对。

和盘托出　合盘托出
和：连带。

共攘义举　共襄义举
襄（xiāng）：帮助。
攘（rǎng）：①排斥。②抢。如"攘夺"。③捋起（袖子）。④纷乱。如"攘攘"。

含饴弄孙　含怡弄孙
饴：饴糖。含饴弄孙：含着糖逗小孙子，形容老年人闲适生活的乐趣。

汉牛充栋　汗牛充栋
汗牛：用牛运输，牛累得出汗。汗牛充栋：形容书籍极多。

含浦还珠　合浦还珠
东汉合浦郡海域盛产珠，官吏滥采不已，珠皆迁徙于邻郡交趾境。孟尝为郡守，到任悉除弊政，珠遂返回合浦。比喻人去复归或物归旧主。

庶子成名　竖子成名
竖子：这里指小子（含轻蔑意）。
庶子：旧时指妾所生的儿子。

好高鹜远　好高骛远
骛：追求。好高骛远：不切实际地

追求过高的目标。

鹜：鸭子。如"趋之若鹜"。

鸿篇巨制 宏篇巨制

鸿：大。鸿篇巨制：指篇幅长、规模大的著作。

虎视眈眈 虎视**眈眈**

眈眈：形容眼睛注视。

胡子拉**碴** 胡子拉渣

碴（chā）：这里指剃后残余或复生的短毛发。

迫在眉**睫** 迫在眉梢

眉睫：眉毛和眼睫毛，借指眼前。

09

稼樯 稼穑	铿吝 悭吝	内哄 内讧
捐客 掮客	令媛 令嫒	涅磐 涅槃
戡乱 勘乱	抹杀 抹刹	蜡版 蜡板
集萃 集粹	缨子 璎子	仳漏 纰漏
堪舆 勘舆	瞑目 瞑目	囟门 卤门

毁家纾难 毁家纡难	寥若晨星 寥若星辰	趋之若鹜 趋之若鹙
居心叵测 居心颇测	知人论事 知人论世	泉水淙淙 泉水琮琮
禁若寒蝉 噤若寒蝉	滥竽充数 滥芋充数	罄竹难书 磬竹难书
开具发票 开据发票	鳞次栉比 麟次栉比	人影憧憧 人影幢幢
六兽兴旺 六畜兴旺	明火执仗 明火执杖	如法泡制 如法炮制

美人坯子 美人胚子	美仑美奂 美轮美奂	
老少贤集 老少咸集	杳无音信 杳无音信	
厉兵秣马 励兵抹马	披沙拣金 披沙捡金	
礼义廉耻 礼仪廉耻	被发左衽 披发左衽	
直言敢谏 直言敢谰	严惩不怠 严惩不贷	

赍志而殁 赉志而殁	阆苑仙葩 琅苑仙葩	
努力同心 勠力同心	曲水流殇 曲水流觞	
绿树成茵 绿树成荫	胼手胝足 胼手胝足	
惊弓之鸟 椋弓之鸟	砰然心动 怦然心动	
楞头楞脑 愣头愣脑	气急败坏 气极败坏	

看一看

稼穑 稼穑
穑（sè）：收获农作物。稼穑：种植和收割，泛指农业劳动。
樯（qiáng）：桅杆。

掮客 掮客
掮（qián）：用肩扛（东西）。掮客：指替人介绍买卖，从中赚取佣金的人。

戡乱 勘乱
戡：用武力平定（叛乱）。戡乱：平定叛乱。

集萃 集粹
萃：聚集。还有"聚在一起的人或物"的意思。如"出类拔萃"。
粹：①纯粹。②精华。如"精粹"。

堪舆 勘舆
指风水。

铿吝 悭吝
悭（qiān）：吝啬。悭吝：吝啬；小气。
铿（kēng）：形容响亮的声音。

令嫒 令媛
嫒（yuàn）：美女。
令嫒：敬辞，称对方的女儿。

抹杀 抹刹
杀：削弱；消除。抹杀：一概不计；完全勾销。"抹杀"也作"抹煞"。

缨子 璎子
缨：古代帽子上系在颔下的带子，泛指带子。璎：像玉的石头。

瞑目 暝目
瞑：闭眼。
暝：①日落；天黑。②黄昏。

内哄 内讧
讧（hòng）：争吵；混乱。

涅磐 涅槃
佛教用语，原指超脱生死的境界，现用作死（多指佛或僧人）的代称。

蜡版 蜡板
用蜡纸打字或刻写成的供油印的底版。

仳漏 纰漏
纰（pī）：布帛丝缕等破坏、披散。
仳（pǐ）：分别；分开。如"仳离"，特指妻子被遗弃。

囟门 卤门
囟（xìn）：指婴儿头顶骨未合缝的地方。

毁家纾难　毁家纡难

纾（shū）：解除。毁家纾难：捐献全部家产，帮助国家缓解危难。

纡（yū）：①弯曲；曲折。②系；结。

居心叵测　居心颇测

叵（pǒ）：不可。

噤若寒蝉　噤若寒蝉

噤（jìn）：闭口不作声。

开具发票　开据发票

开具：写出；开列。

六畜兴旺　六畜兴旺

六畜：指猪、牛、羊、马、鸡、狗，也泛指各种家畜、家禽。

美人坯子　美人胚子

坯（pī）子：具有某种特质或未来适合做某类事的人。

老少贤集　老少咸集

咸：全；都。

厉兵秣马　励兵抹马

厉：古同"砺"，磨快。

秣（mò）：喂牲口。

礼义廉耻　礼仪廉耻

礼义：指崇礼、行义，是古代推行的道德准则。

礼仪：礼节和仪式。

直言敢谏　直言敢谰

谏（jiàn）：规劝。

谰（lán）：诬赖；抵赖。

赍志而殁　赍志而殁

赍（jī）：怀着；抱着。赍志而殁：志未遂而死去。

赉（lài）：赏赐。

勠力同心　勠力同心

勠（lù）：并，合。勠力：合力；并力。

绿树成荫　绿树成荫

荫：树荫。

茵：垫子或褥子。可以说"绿草如茵"，但不能说"绿树成茵"。

惊弓之鸟　椋弓之鸟

被弓箭吓怕了的鸟，比喻受过惊恐见到一点儿动静就特别害怕的人。

椋（liáng）：椋鸟，种类很多，性喜群飞，吃种子和昆虫，有的善于模仿别的鸟叫。如八哥、灰椋鸟等。

楞头楞脑　愣头愣脑

愣（lèng）：呆。

楞（léng）：同"棱"。物体上条状的突起部分。

寥若晨星　寥若星辰

形容极为稀少，稀少得好像早晨的星星。

星辰：可被用来形容数量很多。

知人论事　知人论世

《孟子·万章下》："颂其诗，读其书，不知其人可乎？是以论其世也。"意为只有了解作者所处的时代，才能理解作者。后指了解人物，评论世事。

滥竽充数　滥芋充数
竽：古乐器，形状像现在的笙。
芋：芋头。

鳞次栉比　麟次栉比
像鱼鳞和梳子的齿一样，一个挨着一个排列着，多形容房屋等密集。

明火执仗　明火执杖
仗：兵器的总称。

美仑美奂　美轮美奂
轮：高大。美轮美奂：形容新屋高大美观，也形容装饰、布置等美好漂亮。奂：众多。

沓无音信　杳无音信
杳（yǎo）：远得看不见踪影。

披沙拣金　披沙捡金
拣：挑选。

被发左衽　披发左衽
被：通"披"。披散。衽：衣襟。被发左衽：头发披散着，衣襟向左开。我国古代一些少数民族的装束。含落后、不开化意。

严惩不怠　严惩不贷
贷：饶恕。

阆苑仙葩　琅苑仙葩
阆（làng）苑：传说中神仙居住的地方。
琅：①一种玉石。②洁白。

曲水流殇　曲水流觞
觞（shāng）：古代称酒杯。

胼手抵足　胼手胝足
胝（zhī）：手脚掌上的老茧。胼手胝足：手和脚都磨出老茧，形容十分辛勤劳苦。

砰然心动　怦然心动
怦（pēng）：形容心跳的声音。

气急败坏　气极败坏
气急：上气不接下气，狼狈不堪。

趋之若鹜　趋之若骛
鹜：鸭子。

泉水淙淙　泉水琮琮
淙（cóng）淙：形容流水的声音。
琮（cóng）：古代一种玉器，方柱形，中有圆孔。

罄竹难书　磬竹难书
罄（qìng）：尽；空。
磬（qìng）：打击乐器。

人影憧憧　人影幢幢
憧（chōng）憧：形容往来不定或摇曳不定。

如法泡制　如法炮制
炮（páo）：炮制中药的一种方法。
炮制：①用中草药原料制成药物的过程。②泛指编造；制订（含贬义）。

10

眩昏　眩昏	歉收　欠收	擅变　嬗变	希翼　希冀	雪撬　雪橇
纸鸢　纸莺	磷刑　磔刑	摄服　慑服	顾长　欣长	晏驾　宴驾
痔疮　痣疮	神祇　神祇	昏溃　昏聩	笑靥　笑魇	舟揖　舟楫
癖好　僻好	渗人　瘆人	捂酒　焐酒	续贤　续弦	摇撸　摇橹
攀缘　攀沿	熟稔　熟捻	雾淞　雾凇	猩红　腥红	绉议　刍议

撒酒疯　耍酒疯	色厉内荏　色厉内荏	文苑杂俎　文苑杂咀
文诌诌　文绉绉	私淑弟子　私叔弟子	宛尔一笑　莞尔一笑
洋泾滨　洋泾浜	赧然一笑　赧然一笑	委曲求全　委屈求全
一柱香　一炷香	天崩地坼　天崩地拆	慰然成风　蔚然成风
有点悬　有点玄	隼卯结构　榫卯结构	心心相印　心心相映

如鲠在喉　如梗在喉	沐浴而冠　沐猴而冠
雍容华贵　雍荣华贵	同仇敌慨　同仇敌忾
三味真火　三昧真火	倘恍迷离　惝恍迷离
日礴西山　日薄西山	蹈光养晦　韬光养晦
科头洗足　科头跣足	无耻澜言　无耻谰言

看一看

眩昏 **眩**昏
眩：昏花。
眩（xuàn）：日光。

纸鸢 **纸莺**
鸢（yuān）：老鹰。纸鸢：风筝。
莺（niǎo）：茑萝，一年生草本植物，茎细长而缠绕。

痔疮 **痣**疮
痔：因肛门或直肠末端的静脉曲张而形成的突起的小结节。
痣：皮肤上生的斑痕或小疙瘩，多呈青色、红色或黑褐色。

癖好 **僻**好
癖：癖好；嗜好。癖好：对某种事物的特别爱好。

攀缘 **攀沿**
也作"攀援"。

歉收 **欠**收
歉：收成不好。

磔刑 **磔**刑
磔（zhé）：古代的一种酷刑。

神祇 **神祇**
祇（qí）：地神。

渗人 **瘆人**

瘆（shèn）：使人害怕；可怕。

熟稔 **熟捻**
稔（rěn）：熟悉（多指对人）。也有"庄稼成熟"的意思。熟稔：很熟悉。
捻（niǎn）：①用手指搓。②用纸搓成的条状物或用线织成的带状物。

擅变 **嬗变**
嬗（shàn）：更替；蜕变。嬗变：演变。

慑服 **慴服**
慴：害怕；使害怕。

昏愦 **昏聩**
聩：聋。昏聩：眼花耳聋，形容头脑糊涂，不明是非。

焐酒 **煀酒**
焐（wù）：用热的东西接触凉的东西使变暖。
煀：遮盖住或封闭起来。如"煀盘"。

雾凇 **雾淞**
凇：云雾或水气结成的冰花。

希翼 **希冀**
冀：希望；希图。

颀长 **欣长**
颀（qí）：（身材）修长。

笑靥 笑魇

靥（yè）：酒窝。

魇（yǎn）：发生梦魇。

续贤 续弦

男子丧妻以后再娶。

猩红 腥红

像猩猩血那样的红色；血红。

雪撬 雪橇

橇（qiāo）：在冰雪上滑行的交通工具。

撬（qiào）：把棍棒或刀、锥等的一头插入缝中或孔中，用力扳（或压）另一头。

晏驾 宴驾

君主时代称帝王死。

舟揖 舟楫

楫（jí）：桨。舟楫：船和桨，泛指船只。

摇撸 摇橹

橹（lǔ）：使船前进的工具。

撸（lū）：①捋。②撤销（职务）。③训斥；斥责。

刍议 诌议

刍（chú）议：谦辞，称自己的议论。

诌（zhōu）：绉纱。

撒酒疯 耍酒疯

也作"发酒疯"。

文诌诌 文绉绉

形容人谈吐、举止文雅的样子。

诌（zhōu）：编造（言辞）。如"胡诌"。

洋泾滨 洋泾浜

浜（bāng）：小河。

一柱香 一炷香

炷：用于点着的香。

有点悬 有点玄

玄：玄虚；靠不住。

如鲠在喉 如梗在喉

鲠：鱼骨头。

雍容华贵 雍荣华贵

雍容：文雅大方，从容不迫。

三味真火 三昧真火

道教谓元神、元气、元精函藏修炼能生真火，谓之"三昧真火"。

日礴西山 日薄西山

薄：迫近；靠近。

科头洗足 科头跣足

跣（xiǎn）：光着（脚）。

科头：不戴帽子。形容生活困苦。

色厉内荏 色厉内荏

荏（rěn）：软弱。

私淑弟子 私叔弟子

未亲自受业的弟子。

赧然一笑 赧然一笑

赧（nǎn）：因羞愧而脸红。

天崩地坼 天崩地拆

坼（chè）：裂开。

隼卯结构　榫卯结构
榫（sǔn）：竹、木、石制器物或构件上利用凹凸方式相接处凸出的部分。
隼：一种猛禽。旧称鹘（hú）。

沐浴而冠　沐猴而冠
沐猴：猕猴。沐猴戴帽子，装成人的样子。比喻表面上装扮得像个人物，而实际上不像。

同仇敌慨　同仇敌忾
忾（kài）：愤恨。

倘恍迷离　惝恍迷离
惝（chǎng）：失意。

蹈光养晦　韬光养晦
韬：隐藏。也有兵法的意思，如"韬略"。

无耻澜言　无耻谰言
谰：诬赖，诋赖。
澜：波浪。

文苑杂俎　文苑杂咀
俎（zǔ）：古代切割肉类用的砧板。
杂俎：意谓如菜杂陈于俎，故称。

宛尔一笑　莞尔一笑
莞尔：形容微笑。

委曲求全　委屈求全
委曲：勉强服从。
委屈：受到不应该有的指责或待遇，心里难过。

慰然成风　蔚然成风
蔚然：形容茂盛、盛大。

心心相印　心心相映
印：符合。

11

鸭珍　鸭胗	豆饤　饾饤	汴跃　忭跃	宾天　殡天
偈语　谒语	紫檀　紫檩	攫铄　矍铄	车撵　车辇
羸弱　嬴弱	蛰伏　蜇伏	冰碴　冰渣	柴火　柴禾
装祯　装帧	衭教　袄教	悖逆　悖离	养殖　养植
锱重　辎重	兵燹　兵焚	鞭鞑　鞭挞	衣诫　衣袯

蛀夏病　疰夏病	一厥不振　一蹶不振	姿意妄为　恣意妄为
毛绒绒　毛茸茸	一尊佛像　一樽佛像	源远流长　渊源流长
柏梁体　柏粱体	以敬效尤　以儆效尤	谆谆善诱　循循善诱
峨眉月　蛾眉月	因咽废食　因噎废食	椎心泣血　锥心泣血
哈喇子　哈剌子	牙牙学语　呀呀学语	展露头角　崭露头角

心神恍怫　心神恍惚	妍媸有别　妍嬿有别	李生兄弟　孪生兄弟
箫规曹随　萧规曹随	要杀要剐　要杀要刮	流言非语　流言蜚语
喜忧参半　喜忧掺半	倚轻倚重　畸轻畸重	暗中勾通　暗中沟通
悬梁刺骨　悬梁刺股	贻养天年　颐养天年	彪炳史册　彪柄史册
一文不明　一文不名	湮没无闻　堙没无闻	不堪之论　不刊之论

055

看一看 11

鸭珍 鸭胗
胗读作"zhēn"。
鸭胗：也说鸭肫，鸟类的胃。

偈语 谒语
偈（jì）：佛经中的唱词。
谒（yè）：谒见。

羸弱 赢弱
羸（léi）：瘦。

装祯 装帧
帧：幅。
祯：古时筑墙所立的柱子。

锱重 辎重
辎（zī）：古代的一种车。辎重：行军时由运输部队携带的军械、粮草、被服等物资。
锱：古代重量单位，一两的四分之一。

豆饤 饾饤
饾饤（dòu dìng）：①供陈设用的食品。②指堆砌辞藻。

紫檀 紫檩
檩（lǐn）：架在屋架或山墙上面用来支持椽子或屋面板的长条形构件。

蛰伏 蜇伏
蛰：蛰伏。

蜇：蜂、蝎子等用毒刺刺人或动物。

袄教 袄教
袄（xiān）教：拜火教。
袄：有里子的上衣。

兵燹 兵焚
燹（xiǎn）：野火。兵燹：战争造成的焚烧破坏。

汴跃 忭跃
忭（biàn）：欢喜；快乐。忭跃：欢欣跳跃。
汴：河南开封的别称。

矍铄 瞿铄
矍：惊视的样子。矍铄：形容老年人很有精神的样子。

冰碴 冰渣
碴：小碎块。冰碴：冰的碎块或碎末。
渣：①物品提出精华后剩下的东西。②碎屑。

悖逆 悖离
逆：抵触；不顺从。悖逆：指违反正道，犯上作乱。

鞭挞 鞭挞
挞（tà）：用鞭子、棍子等打人。

宾天 殡天

指帝王之死，亦泛指尊者之死。

殡：停放灵柩；把灵柩送到埋葬或火化的地方去。如"出殡"。

车撵 车辇

辇：古代用人拉的车，后来多指皇帝、皇后坐的车。车辇：①泛指各种车辆。②天子之车。

撵：驱逐；赶。

柴火 柴禾

做燃料用的树枝、秫秸、稻杆等。

禾：①禾苗，特指水稻的植株。②古书上指粟。

养殖 养植

殖：繁殖；孳生。

衣诚 衣祴

祴（gé）：衣裾，衣的前襟。

蛀夏病 疰夏病

疰（zhù）夏：中医指夏季长期发热的病，患者多为小儿。

毛绒绒 毛茸茸

茸：草初生纤细柔软的样子。毛茸茸：形容动植物细毛丛生的样子。

绒：绒毛。

柏梁体 柏梁体

七言古诗的一种。相传汉武帝在柏梁台和群臣共赋七言诗，人各一句，每句用韵，后人谓之"柏梁体"。

峨眉月 蛾眉月

蛾眉：蚕蛾的须细而弯，借指美人细而弯的眉毛。

哈喇子 哈剌子

流出来的口水。

心神恍怫 心神恍惚

恍惚：神志不清；精神不集中。

怫：形容忧愁或愤怒。

箫规曹随 萧规曹随

萧何和曹参都是汉高祖的大臣。萧何创立了规章制度，死后，曹参做宰相，仍照章实行。指完全按照前人的成规办事。

箫：管乐器。

喜忧参半 喜忧掺半

参半：各占一半。

悬梁刺骨 悬梁刺股

股：大腿。

一文不明 一文不名

名：占有。一文不名：一个钱也没有。

一厥不振 一蹶不振

蹶（jué）：摔倒，比喻失败或挫折。

一尊佛像 一樽佛像

尊：这里用于神佛塑像。

樽：古代的盛酒器具。

以敬效尤 以儆效尤

儆（jǐng）：让人自己觉悟而不犯过错。

因咽废食　因噎废食

噎（yē）：食物堵住食管。

牙牙学语　呀呀学语

牙牙：形容婴儿学说话的声音。

妍嗤有别　妍媸有别

媸（chī）：相貌丑。跟"妍"相对。
嗤：嗤笑。

要杀要别　要杀要刮

剐（guǎ）：割肉离骨，指封建时代的凌迟刑。

倚轻倚重　畸轻畸重

畸（jī）：偏。

贻养天年　颐养天年

颐：保养。
贻：赠送。遗留。

湮没无闻　堙没无闻

湮（yān）：埋没。
堙（yīn）：①土山。②堵塞，填塞。

姿意妄为　恣意妄为

恣：放纵；没有拘束。

源远流长　渊源流长

源远流长：源头很远，水流很长。形容历史悠久。
渊源：①比喻事物的本源。如"历史渊源"等。②指学术上的师承关系。

谆谆善诱　循循善诱

循循：有步骤的样子。循循善诱：善于有步骤地引导别人学习。
谆谆：形容恳切教导。如"言者谆谆，听者藐藐"。

椎心泣血　锥心泣血

椎（chuí）：捶。椎是多音字，读"zhuī"的时候，是"椎骨"的意思。椎心泣血：捶打胸膛，哭得眼中出血，形容极度悲痛的样子。
锥：锥子。或形状像锥子的东西。如"圆锥体"。

展露头角　崭露头角

崭：突出的样子。

孪生兄弟　娈生兄弟

孪：孪生。
娈（luán）：相貌美。

流言非语　流言蜚语

蜚语：没有根据的话。也作"流言飞语"。

暗中勾通　暗中沟通

勾通：暗中串通；勾结。
沟通：使两方能通连。

彪炳史册　彪柄史册

炳：光明；显著。彪炳：照耀。

不堪之论　不刊之论

刊：古代指削除错字，不刊指不可更改。不刊之论：不能改动或不可磨灭的言论，形容言论确当，无懈可击。

12

蓖麻	篦麻	牡蛎	牝蛎	法琅	珐琅	腹泻	腹泄
墩实	敦实	醇香	淳香	跌宕	迭宕	栀杆	桅杆
门拴	门闩	璀灿	璀璨	发轫	发韧	坩锅	坩埚
倾圮	倾坦	萃取	淬取	附马	驸马	和熙	和煦
蚕船	疍船	蔟拥	簇拥	斧钺	斧铖	硅谷	跬谷

板上走丸	坂上走丸	缘木求鱼	椽木求鱼	凤凰于飞	凤凰与飞		
鞭辟入里	鞭辟入理	大桥合龙	大桥合拢	怨天犹人	怨天尤人		
病入膏肓	病入膏盲	当垆卖酒	当炉卖酒	翻检资料	翻捡资料		
俾倪一切	睥睨一切	断壁颓垣	断壁颓桓	各行其是	各行其事		
稗官野史	裨官野史	得垄望蜀	得陇望蜀	繁文褥节	繁文缛节		

暴轸天物	暴殄天物	道貌昂然	道貌岸然	过江之鲫	过江之卿		
筚路篮缕	筚路蓝缕	缀字成文	掇字成文	卷轶浩繁	卷帙浩繁		
沉封多年	尘封多年	饿殍遍野	饿郛遍野	孤臣蘖子	孤臣孽子		
测身其间	厕身其间	风雨如磐	风雨如磬	高屋建翎	高屋建瓴		
疵牙咧嘴	龇牙咧嘴	附掌大笑	拊掌大笑	鬼域伎俩	鬼蜮伎俩		

看一看

蓖麻 **篦**麻
蓖（bì）：蓖麻。一年生或多年生草本植物。
篦（bì）：用篦子梳。

墩实 **敦**实
敦：厚重；笃实。敦实：①敦厚诚实。②粗短而结实。
墩：①土堆。②墩子。

门拴 门**闩**
闩（shuān）：门关上后，插在门内门推不开的木棍或铁棍。"门闩"也作"门栓"。

倾**圮** 倾**圯**
圮（pǐ）：毁坏；倒塌。倾圮：倒塌。
圯（yí）：桥。

趸船 **趸**船
无动力装置的矩形平底船，固定在岸边、码头，以供船舶停靠，上下旅客，装卸货物。趸读作"dǔn"。
虿（chài）：蝎子一类有毒的虫。

牡蛎 **牝**蛎
软体动物，有两个贝壳，一个小而平，一个大而隆起。
牡：雄性的。与"牝"相对。

牝（pìn）：雌性的。

醇香 **淳**香
醇：含酒精多的酒。醇香：（酒味等）醇厚芳香。
淳：淳朴。

璀灿 璀**璨**
璨：①美玉。②鲜明；美好。璀璨：形容珠玉等光彩鲜明。璀璨也作"璀粲"。
灿：光彩耀眼。

萃取 **淬**取
萃：聚集。萃取：在混合物中加入某种溶剂，利用混合物的各种成分在该溶剂中溶解度不同而将它们分离。
淬：淬火。

蔟拥 **簇**拥
簇：聚集。
蔟（cù）：蚕蔟。

法琅 **珐**琅
①某些矿物原料烧成的像釉子的物质。②指覆盖有珐琅的制品。

跌宕 迭宕
跌：落下；下降。跌宕：①性格洒脱。

②音调抑扬顿挫或文章富于变化。

迭：①轮流；替换。②屡次。

发轫 发韧

轫：支住车轮不使旋转的木头。发轫：拿掉支住车轮的木头，使车前进，指新事物或某种局面开始出现。

韧：柔软而结实。

附马 驸马

驸：古代几匹马共同拉一辆车时，驾辕之外的马叫驸。驸马：汉代有"驸马都尉"的官职，后来皇帝的女婿常做这个官，因此驸马成为皇帝的女婿的专称。

斧钺 斧铖

钺（yuè）：古代兵器，青铜或铁制成，形状像板斧而较大。斧钺：斧和钺，古代兵器，用于斩刑。

铖（chéng）：用于人名。

腹泻 腹泄

泻：腹泻。

泄：①液体、气体排出。②泄露。③发泄。

桅杆 栀杆

桅：桅杆。

栀（zhī）：栀子。

坩锅 坩埚

埚：坩埚。熔化金属或其他物质的器皿。

和熙 和煦

煦（xù）：温暖。和煦：温暖。

熙（xī）：①光明。②和乐。③兴盛。如"熙朝"。

硅谷 跬谷

美国加利福尼亚北部圣克拉拉谷的电子工业中心。常用来借指高新技术工业园区。

硅（guī）：非金属元素。

跬（kuǐ）：古代称半步，一只脚迈出去的距离，相当于今天的一步。如"跬步"。

板上走丸 坂上走丸

坂：山坡，斜坡。坂上走丸：像在斜坡上滚弹丸，形容轻而易举。

鞭辟入里 鞭辟入理

里：里头。鞭辟入里：形容能透彻说明问题，切中要害。

病入膏肓 病入膏盲

膏肓（huāng）：我国古代医学上把心尖脂肪叫膏，心脏和膈膜之间叫肓，认为是药力达不到的地方。

俾倪一切 睥睨一切

睥（pì）睨：眼睛斜着看，表示傲视或厌恶。

俾：使（达到某种效果）。如"俾有所悟"。

稗官野史 裨官野史

稗（bài）官：古代的小官。
裨（bì）：益处。如"裨益"。
裨（pí）：辅佐的；副。如"裨将"。

暴轸天物 暴殄天物
殄（tiǎn）：灭绝。暴殄天物：任意糟蹋东西。
轸¹（zhěn）：①车后横木，借指车。②二十八宿之一。
轸²：悲痛。如"轸念"。

筚路篮缕 筚路蓝缕
筚：用荆条、竹子等编成的篱笆或其他遮拦物。蓝缕：破衣服。筚路蓝缕：驾着柴车，穿着破旧的衣服去开辟山林。形容创业的艰苦。也作"荜路蓝缕"。

沉封多年 尘封多年
尘封：搁置已久，被尘土盖满。

测身其间 厕身其间
厕：夹杂在里面；参与。厕身：参与；置身。"厕身"也作"侧身"。

疵牙咧嘴 龇牙咧嘴
龇（zī）：露（牙）。龇牙咧嘴：①形容凶狠的样子。②形容疼痛难忍的样子。
疵（cī）：缺点；毛病。

缘木求鱼 椽木求鱼
就像爬到树上去找鱼。比喻方向、方法不对，一定达不到目的。
椽（chuán）：椽子。放在檩上架着屋面板和瓦的木条。

大桥合龙 大桥合拢
合龙：修筑堤坝或桥梁等从两端施工，最后在中间接合。
合拢：合到一起；闭合。

当垆卖酒 当炉卖酒
垆：酒店里安放酒瓮的土台子，借指酒店。
炉：炉子。

断壁颓垣 断壁颓桓
垣（yuán）：①城。②墙。
桓（huán）：姓。

得垄望蜀 得陇望蜀
陇：甘肃的别称。得陇望蜀：东汉光武帝刘秀下命令给岑彭，叫他平定陇右（今甘肃一带）以后领兵南下，攻取西蜀。后来用"得陇望蜀"比喻贪得无厌。
垄（lǒng）：在耕地上培成的一行一行的土埂；田埂。

道貌昂然 道貌岸然
岸：高傲。岸然：严肃或高傲的样子。道貌岸然：形容神态庄严。现多含讥讽意。
昂：仰着（头）。昂然：仰头挺胸无所畏惧的样子。

缀字成文　掇字成文

缀（zhuì）：组合字句篇章。

掇（duō）：拾取；用双手拿。如"拾掇"。

饿殍遍野　饿郛遍野

殍（piǎo）：饿死的人。

郛（fú）：古代指城外面围着的大城。

风雨如磐　风雨如磬

磐（pán）：大石头。风雨如磐：①形容风雨极大。②比喻黑暗势力压迫沉重。

磬（qìng）：打击乐器。

拊掌大笑　抚掌大笑

拊（fǔ）：拍。拊掌：拍手。也作"抚掌"。

凤凰于飞　凤凰与飞

于：助词。《诗经·大雅·卷阿》："凤凰于飞，翙翙其羽，亦集爰止。"后用"凤凰于飞"比喻夫妇相亲相爱。

怨天犹人　怨天尤人

尤：责怪。

翻检资料　翻捡资料

翻检：翻动查看（书籍、文件等）。

各行其是　各行其事

是：对；正确。各行其是：各自按照自以为是对的一套去做。

繁文褥节　繁文缛节

缛（rù）：烦琐；繁复。繁文缛节：烦琐而不必要的礼节，也泛指烦琐多余的事项。

褥：褥子。

过江之鲫　过江之卿

鲫（jì）：鲫鱼。多成群活动。过江之鲫：比喻人或车船等多而纷乱。

卷轶浩繁　卷帙浩繁

帙（zhì）：用于装套的线装书。卷帙：指书籍。

轶（yì）：散失；失传。

孤臣蘖子　孤臣孽子

孽子：庶子，非正妻所生之子。

蘖（niè）：树枝砍去后又长出来的新芽。

高屋建翎　高屋建瓴

瓴（líng）：盛水的瓶子。高屋建瓴：在房顶上用瓶子往下倒水，形容居高临下的形势。

翎：鸟的翅膀或尾巴上的长而硬的羽毛。

鬼域伎俩　鬼蜮伎俩

蜮（yù）：传说中在水里暗中害人的怪物。鬼蜮伎俩：指阴险害人的卑劣手段。

13

盖擢	盖戳	筋络	经络	灵柩	棂柩
佘子	佘子	科税	课税	硫黄	硫磺
颌首	颔首	流泻	流泄	檑木	擂木
舵颜	酡颜	帘栊	帘拢	蚂蝗	蚂蟥
秸秆	秸杆	铃记	钤记	痒序	庠序

熟不知	殊不知	哀多益寡	哀多益寡	出人投地	出人头地
病怏怏	病快快	铄石流金	砾石流金	稍安毋躁	少安毋躁
冷嗖嗖	冷飕飕	两苑白菜	两筅白菜	添列门墙	忝列门墙
爆羊肉	炮羊肉	镏珠必较	锱铢必较	探骊得珠	探鹂得珠
凌霄花	凌宵花	名列前茅	名列前茅	澶渊之盟	檀渊之盟

怪石嶙峋	怪石磷峋	买椟还珠	买椟还珠		
孑孓一身	孑然一身	年高德勋	年高德劭		
沆瀣一气	沆瀣一气	忸怩作态	扭捏作态		
黄袍加身	皇袍加身	浓情厚谊	隆情厚谊		
涸辙之鲋	涸辙之鱼	判若鸿沟	叛若鸿沟		

斛筹交错	觥筹交错	曲突徙薪	曲突徙薪		
掎角之势	犄角之势	清静无为	清净无为		
开门揖盗	开门缉盗	岁月磋跎	岁月蹉跎		
课以刑罚	科以刑罚	说话磕巴	说话嗑巴		
历久弭新	历久弥新	硕大无棚	硕大无朋		

看一看 13

盖擢　盖戳

戳（chuō）：这里指图章。

擢（zhuó）：①拔。如"擢发难数"。②提拔。如"擢升"。

氽子　汆子

汆（cuān）：烹调方法，把食物放到沸水里稍微一煮。如"汆丸子"。

氽子：烧水用的薄铁筒，细圆柱形，可以插入炉子火口里，使水开得快。

氽（tǔn）：①漂浮。②用油炸。

颔首　颌首

颔（hàn）：①下巴。②点头。颔首：点头。

颌（hé）：构成口腔上部和下部的骨头和肌肉组织。

舵颜　酡颜

酡（tuó）：喝了酒脸色发红。

舵：船、飞机等控制方向的装置。

秸秆　秸杆

秆：秆子。某些植物的茎。秸秆：农作物脱粒后剩下的茎。

杆：器物的像棍子的细长部分。

筋络　经络

中医指人体内气血运行通路的主干和分支。

筋：①肌肉。②肌腱或骨头上的韧带。③可以看见的皮下静脉。④像筋的东西。如"钢筋"。

科税　课税

课：征收。

流泻　流泄

泻：很快地流。

帘栊　帘拢

栊（lóng）：窗户。帘栊：带帘子的窗户。

铃记　钤记

钤（qián）：图章；盖（图章）；锁，比喻管束。钤记：旧时机关团体使用的图章。

铃：用金属制成的响器。

灵柩　棂柩

灵：这里指灵柩或关于死人的。如"灵位"。

棂（líng）：旧式窗户的窗格子。

硫黄　硫磺

"硫黄"旧作"硫磺"。

礌木　擂木

礌（léi）：古代作战时从高处推下大木头，以打击敌人。

蚂蝗　蚂蟥
蟥：蚂蟥。蛭（zhì）的通称。
蝗：指蝗虫。

痒序　庠序
庠：古代的学校。庠序：古代地方办的学校，泛指学校。

熟不知　殊不知
殊：竟，竟然。殊不知：竟不知道。

病恹恹　病怏怏
恹（yān）恹：形容患病而精神疲乏。
怏（yàng）怏：形容不满意或不高兴的神情。

冷嗖嗖　冷飕飕
飕（sōu）飕：形容风声。
嗖：形容很快通过的声音。

爆羊肉　炮羊肉
炮（bāo）：这里指一种烹饪法。把鱼、肉等物用油在急火上炒熟。

凌霄花　凌宵花
落叶藤本植物。也叫紫葳。

怪石嶙峋　怪石磷峋
嶙峋：形容山石等突兀、重叠。
磷：非金属元素。

孑孑一身　孑然一身
孑（jié）：单独；孤单。
孑孓（jué）：蚊子的幼虫。

沆瀣一气　沆壑一气
唐代崔瀣参加科举考试，考官崔沆取中了他。于是当时人嘲笑说，"座主门生，沆瀣一气"。后泛指臭味相投的人结合在一起。
瀣（xiè）：夜间的水气。
壑（xiè）：心地褊狭而行为果敢。

黄袍加身　皇袍加身
五代后周时，赵匡胤在陈桥驿发动兵变，部下给他披上黄袍，拥为皇帝。

涸辙之鲋　涸辙之鱼
鲋（fù）：古书上指鲫鱼。涸辙之鲋：在干涸了的车辙里的鲋鱼。比喻处在困境中急待救援的人。涸读作"hé"。

觥筹交错　觚筹交错
觥（gōng）：古代用兽角等做的酒器。
觥筹交错：酒杯与酒筹交叉错杂，形容许多人相聚饮酒的热闹场面。
斛（hú）：古量器，方形，口小，底大，容量本为十斗，后改为五斗。

掎角之势　犄角之势
掎：牵住；拖住。掎角之势：作战时分兵牵制或合兵夹击的形势。
犄角：物体两个边沿相接的地方。

开门揖盗　开门缉盗
揖（yī）：拱手行礼。开门揖盗：开了门请强盗进来，比喻引进坏人来危害自己。

课以刑罚　**科**以刑罚

科：判定。

历久弭新　历久**弥**新

弥：更加。

弭：平息；消灭。如"消弭"。

哀多益寡　**裒**多益寡

裒（póu）：取出。裒多益寡：减有余以增补不足。

铄石流金　**砾**石流金

铄（shuò）：熔化（金属）。铄石流金：能使金石熔化，形容天气极热。

砾（lì）：小石块；碎石。

两蔸白菜　两**箍**白菜

蔸：相当于"棵"或"丛"。

箍：竹、藤、柳条等做成的盛东西的器具。

锱珠必较　锱**铢**必较

锱（zī）：古代重量单位，一两的四分之一。锱铢：指很少的钱或很小的事。

镏（liú）：涂饰金泥。

镏（liù）：镏子，戒指。

名列前茅　名列前**茅**

前茅：①古代行军时的前哨斥候（侦查，候望）。遇敌情则举茅旌向后军示警。②考试成绩或其他方面处于前列。

茆（xù）：古书上指橡实。

买椟还珠　买**椟**还珠

椟（dú）：匣子。楚国人到郑国去卖珍珠，把珍珠装在匣子里，匣子装饰得很华贵。郑国人就买下匣子，把珍珠退还了。比喻没有眼光，取舍不当。

椟（dú）：①古代写字用的木片。②文件；书信。

年高德勋　年高德**劭**

劭（shào）：美好。年高德劭：年纪大，品德好。

忸怩作态　扭捏作态

忸怩：形容不好意思或不大方的样子。忸怩作态：故意做出不好意思或不大方的意思。

扭捏：①指走路时身体故意左右摇摆。②形容举止言谈不大方。

浓情厚谊　**隆**情厚谊

隆：深厚；程度深。

判若鸿沟　叛若鸿沟

中间像有条鸿沟分开一样，形容界限很清楚，区别很明显。

曲突徙薪　曲突**徙**薪

徙：迁移。有一家的烟囱很直，旁边堆着许多柴火，有人劝主人改建成弯曲的烟囱，把柴火搬开，不然有着火的危险，主人不听，不久果然发生了火灾。比喻事先采取措施，

067

防止危险发生。
清**静**无为　清**净**无为
清静：清虚宁静，无欲无为。清静无为：春秋时期道家的一种思想和治术。
清净：①没有事物打扰。②清澈。在现代汉语中，对于清净的用法，一般说"耳根清净"，不说"耳根清静"。

岁月磋跎　岁月**蹉**跎
蹉跎：光阴白白地过去。
磋：①把象牙加工成器物，如"切磋"。②商量讨论。如"磋商"。

说话**磕**巴　说话嗑巴
磕巴：口吃。
嗑：话，有时特指现成的话。如"唠嗑"。

硕大无棚　硕大无**朋**
朋：伦比。硕大无朋：形容无比的大。

出人投地　出人**头**地
宋·欧阳修："读轼书，不觉汗出。快哉，快哉！老夫当避路，放他出一头地也。"意思是让苏轼高出一头。后用"出人头地"指高人一等，超过一般人。

稍安毋躁　**少**安毋躁
少：暂时；稍微。

添列门墙　**忝**列门墙
忝（tiǎn）：谦辞，表示辱没他人，自己有愧。

探**骊**得珠　探鹂得珠
黄河边上有人泅入深水，得到一颗价值千金的珠子。他父亲说："这样珍贵的珠子，一定是在万丈深渊的黑龙下巴底下取得，而且是在它睡时取得的。"后来用"探骊得珠"指做文章扣紧主题，抓住要领。
骊（lí）：黑龙。
鹂：黄鹂。

澶渊之盟　檀渊之盟
澶（chán）：澶渊，古地名。
檀（tán）：青檀、紫檀等的统称。

促狭　捉狭

①爱捉弄人。②刁钻。

柘本　拓本

拓（tà）本：把碑刻、铜器等的形状和上面的文字、图形拓下来的纸本。

柘（zhè）：落叶灌木或小乔木。

皱壁　皱襞

襞（bì）：衣服上打的褶子，泛指衣服上的皱纹。皱襞：皱纹。

垂髫　垂髻

髫（tiáo）：古代指孩子的下垂的头发。垂髫：小孩子头发扎起来下垂着，指幼年。

髻（jì）：在头顶或脑后盘成各种形状的头发。

嘟囔　嘟曩

囔（nāng）：声音低小或含糊。嘟囔：连续不断地自言自语。

曩：①喊叫。②吵闹。

棉铃虫　棉蛉虫

棉花的果实初长时形状像铃，叫棉铃。棉铃虫是一种棉花害虫，幼虫钻入棉花蕾铃中为害，造成落蕾落铃。

崴了脚　葳了脚

崴（wǎi）：扭伤。崴是多音字，另读"wēi"，形容山高。

葳（wēi）：形容枝叶繁盛。

檗窠书　擘窠书

榜书。古人写字或篆刻时，为求字体整齐，写字前用横直界线对载体进行分格，叫作"擘窠"。

擘：划分。

檗：一种乔木，即黄檗。

附骨疽　附骨蛆

疽（jū）：中医指局部皮肤肿胀坚硬而肤色不变的毒疮。附骨疽：属痈疽中的无头疽。因其附着骨骼成脓，故名。同样，"炭蛆"应写成"炭疽"。

蛆：苍蝇的幼虫。

腆着脸　觍着脸

厚着脸皮。

觍（tiǎn）：形容惭愧。

万马齐暗　万马齐喑

喑（yīn）：缄默，不作声。

吴代当风　吴带当风

唐吴道子善画佛像，笔势圆转遒劲，所画衣带如风吹欲动。后人因以"吴带当风"称美画技高超或笔势飘逸的风格。

纹枰论道　纹秤论道

枰（píng）：棋盘。

唯唯喏喏　唯唯诺诺

诺：答应的声音。

苇编三绝　韦编三绝

韦：皮革。韦编三绝：孔子晚年很爱读《周易》，翻来覆去地读，使穿连《周易》竹简的皮条断了好几次。后来用"韦编三绝"形容读书勤奋。

文过饰非　闻过饰非

文：掩饰。

心胸偏狭　心胸褊狭

褊（biǎn）：狭小；狭隘。

血脉喷张　血脉偾张

偾（fèn）：奋；起。张：扩张。
血脉偾张：清代纪昀《阅微草堂笔记·如是我闻三》："亢阳鼓荡，血脉偾张，故筋力倍加强壮。"现在多用此词来形容激动、亢奋。

胁肩谄笑　胁肩谄笑

谄：谄媚。胁肩谄笑：耸起肩膀，装出笑脸，形容谄媚的丑态。
谗：在别人面前说某人的坏话。

爬山涉水　跋山涉水

跋：在山上行走。

意兴阑姗　意兴阑珊

阑珊：将尽；衰落。

要言不烦　要言不繁

烦：又多又乱。

作践食物　作贱食物

作践：糟蹋。

孜孜矻矻　孜孜屹屹

矻（kū）矻：勤劳不懈的样子。

直情胫行　直情径行

径：径直。直情径行：凭着自己的意思径直行事。
胫：小腿。

见微知著　知微见著

见到一点苗头就能知道它的发展趋向或问题的实质。不能说知道事物的发展趋向后才见到苗头。

阻尼振动　阻力振动

阻尼振动：振动（振荡）系统受到阻尼作用，造成能量损失而使振幅逐渐减小的振动（振荡）。

珠积寸累　铢积寸累

铢：古代重量单位，一两的二十四分之一。铢积寸累：形容一点一滴地积累。

真知灼见　真知卓见

灼见：透彻的见解。

不分轩致　不分轩轾

轩轾（xuān zhì）：车前高后低叫轩，前低后高叫轾，借指高低优劣。

不稂不莠　不茛不莠

稂（láng）：狼尾草。
莠（yǒu）：狗尾草。稂和莠都是形状像禾苗而妨害禾苗生长的杂草，比喻坏人。不稂不莠：既不是稂，也不是莠。比喻人不成材，没出息。

莨（liáng）：指薯莨。

不辨菽麦　不辨粟麦

菽（shū）：豆子。分不清豆子和麦子。形容愚昧无知或缺乏实际知识。

粟：谷子。

扒梳剔抉　爬梳剔抉

爬梳：抓挠梳理。比喻归纳、整理，使有条理。爬梳剔抉：整理选择。

蕞尔小国　撮尔小国

蕞（zuì）尔：形容小。

南橘北枳　北橘南枳

《晏子春秋·内篇杂下》："橘生淮南则为橘，生于淮北则为枳。"淮河以南的橘移植到淮河以北就变成枳。后用"南橘北枳"比喻人或事物会因环境条件的不同而产生变化。

15

打醮 打醺	鸿濛 鸿蒙	羁縻 羁縻	马镫 马蹬
盘恒 盘桓	奸究 奸宄	抠睃 眍睃	揳子 楔子
镶解 禳解	及笄 及屏	乖剌 乖剌	秤坨 秤砣
赓续 庚续	襟抱 襟袍	漏卮 漏厄	青杆 青杆
国柞 国祚	局蹐 局蹐	懒祭 獭祭	失怙 失祜

暴戾恣睢 暴戾恣睢	绠短汲深 梗短汲深	昂首前行 昂首前行
抵掌而谈 抵掌而谈	奉为圭臬 奉为圭皋	命运多舛 命运多蹇
暴虎凭河 暴虎冯河	焚膏继晷 焚膏继晷	磨磨蹭蹭 磨磨磳磳
厝火积薪 错火积薪	钳口结舌 钳口结舌	群蚁排牙 群蚁排衙
得鱼忘荃 得鱼忘筌	管窥蠡测 管窥蠡测	褥暑难耐 溽暑难耐

额手称庆 额首称庆	闳中肆外 宏中肆外	如蚁附膻 如蚁附檀
扞格不入 杆格不入	计日成功 计日程功	邈然离去 遽然离去
方讷圆凿 方枘圆凿	金欧无缺 金瓯无缺	入吾彀中 入吾瞉中
负笈从师 负岌从师	开柙出虎 开押出虎	如椽大笔 如掾大笔
米珠薪桂 米珠新桂	冷汗泠泠 冷汗涔涔	首鼠两端 蛇鼠两端

看一看

打蘸　打醮
醮（jiào）：打醮。指道士设坛念经做法事。
蘸（zhàn）：在液体、粉末或糊状的东西里沾一下就拿出来。如"蘸水钢笔"。

盘恒　盘桓
桓：盘桓。逗留；徘徊。

镶解　禳解
禳（ráng）：禳解，迷信的人向鬼神祈祷消除灾殃。

赓续　庚续
赓（gēng）：继续；连续。赓续：继续。
庚：①天干的第七位。②年龄。如"同庚"。

国柞　国祚
祚（zuò）：君主的地位。国祚：①国运。②皇位。
柞（zuò）：柞树，落叶乔木。
柞（zhà）：柞水，地名，在陕西。

鸿濛　鸿蒙
古人认为天地开辟之前是一团混沌的元气，这种自然的元气叫作鸿蒙。

奸究　奸宄
宄（guǐ）：作乱或行窃的坏人。奸宄：违法作乱的人或事。

及筓　及笄
笄（jī）：古代束发用的簪子。及笄：指女子年满十五岁。

襟抱　襟袍
胸襟；抱负。

局蹐　局踳
踳（jí）：小步行走。局踳：①形容畏缩不安。②狭隘；不舒展。
蹽（liāo）：①放开脚步走；跑。②偷偷地走开。

羁糜　羁縻
縻：系住。羁縻：①笼络（藩属等）。②羁留。
糜：①粥。如"肉糜"。②烂。③浪费。

抠瞍　眍瞍
眍（kōu）：眼珠子深陷在眼眶里面。

乖剌　乖刺
剌（là）：乖戾；乖张。乖剌：违背常情；乖戾。

漏卮　漏厄
卮（zhī）：古代盛酒的器皿。漏卮：有漏洞的盛酒器，比喻使国家利益外溢的漏洞。

懒祭　獭祭

獭（tǎ）：通常指水獭。獭贪食，常捕鱼陈列于水边，称为祭鱼。后用"獭祭"比喻罗列或堆砌典故。

马镫　马蹬

镫（dèng）：挂在鞍子两旁供脚蹬的东西，多用铁制成。

揳子　楔子

楔（xiē）：楔子。

揳（xiē）：把楔子、钉子等捶打到物体里面。

秤坨　秤砣

砣：秤砣。

坨：面食煮熟后粘在一块儿。如"面坨"。

青杆　青秆

一种常绿大乔木。杆读作"qiān"。另，"白杆"也易错写成"白秆"。

失怙　失祜

怙（hù）：依靠。失怙：指死了父亲。

祜（hù）：福。

暴戾恣睢　暴戾恣雎

恣睢（suī）：任意胡为。

雎（jū）：用于人名。如"范雎"。

抵掌而谈　扺掌而谈

抵（zhǐ）：侧手击。抵掌：击掌（表

示高兴）。

暴虎凭河　暴虎冯河

暴虎：空手打虎。冯（píng）河：徒步渡河。暴虎冯河：比喻有勇无谋，冒险蛮干。

厝火积薪　错火积薪

厝（cuò）：放置。也指把棺材停放待葬。如"起厝"，盖房子的意思。

厝火积薪：把火放在柴堆下面，比喻潜伏着很大的危险。

得鱼忘荃　得鱼忘筌

筌：捕鱼的竹器。得鱼忘筌：得到了鱼，就忘了筌。比喻达到目的以后就忘了原来的凭借。

荃：古书上说的一种香草。

额手称庆　额首称庆

双手合掌，举到额头，表示庆幸。

扞格不入　杆格不入

扞（hàn）格：互相抵触。

方讷圆凿　方枘圆凿

枘（ruì）：榫子。方枘圆凿：方榫头和圆卯眼，两下合不起来。形容格格不入。

讷（nè）：迟钝。

负笈从师　负岌从师

笈：①书箱。②书籍。

岌：山高的样子。

米珠薪桂　米珠新桂

薪：柴火。米珠薪桂：米和柴的价格像珍珠和桂木一样，形容物价贵得出奇。

绠短汲深　梗短汲深
绠(gěng)：汲水用的绳子。绠短汲深：吊桶的绳子很短，却要打很深的井里的水，比喻能力薄弱，任务重大，难以胜任（多用作谦辞）。

奉为圭臬　奉为圭皋
臬(niè)：①古代测日影的标杆。②法度；标准。圭臬：我国古代天文仪器，借指准则或法度。
皋(gāo)：水边的高地。

焚膏继晷　焚膏继昝
晷(guǐ)：①日影，借指时光。②古代用来观测日影以定时刻的仪器。焚膏继晷：点燃灯烛来接替日光照明，形容夜以继日地用功读书或努力工作。
昝(zǎn)：姓。

坩口结舌　钳口结舌
钳(qián)：限制；约束。钳口结舌：形容不敢说话。
坩(gān)：盛东西的陶器。

管窥蠡测　管窥蠡测
蠡(lí)：瓢。管窥蠡测：从竹管里看天，用瓢来量海水，比喻眼光狭窄，见识短浅。

蟊(máo)：吃苗根的害虫。

闳中肆外　宏中肆外
闳(hóng)：宏大。也指巷门。闳中肆外：指诗文内容宏富而文笔奔放。

计日成功　计日程功
程：衡量、估量。计日程功：可以数着日子计算进度，形容在较短期间就可以成功。

金欧无缺　金瓯无缺
瓯(ōu)：小盆；盅。金瓯：黄金做的盆类器皿，比喻完整的疆土，泛指国土。

开柙出虎　开押出虎
柙(xiá)：关野兽的木笼，旧时也用来押解、拘禁罪重的犯人。开柙出虎：打开笼子，放出老虎。比喻放纵坏人。

冷汗泠泠　冷汗涔涔
涔：①积水。②雨水多。涔涔：形容汗、泪、水等不断往下流的样子。
泠(líng)：清凉。

昂首前行　昂首前行
昂：仰着；高涨。
昴(mǎo)：二十八宿之一。

命运多骞　命运多蹇
蹇(jiǎn)：不顺利。
骞(qiān)：高举。

磨磨蹭蹭　磨磨噌噌

蹭（cèng）：慢吞吞地行动。
嶒（zēng）：①山石高峻的样子。②山崖；山麓。

群蚁排牙　群蚁排衙
衙：衙门。排衙：旧时官署陈设仪仗，全署属吏依次参拜长官的情状。

褥暑难耐　溽暑难耐
溽（rù）：湿润。溽暑：夏天潮湿而闷热的气候。

如蚁附膻　如蚁附膻
《庄子·徐无鬼》："蚁慕羊肉，羊肉膻也。"后用"如蚁附膻"比喻竞相趋附权势或追逐所热衷的事物。
膻（shān）：像羊肉的气味。膻也读"dàn"，膻中，中医指人体胸腹间的膈。

蘧然离去　遽然离去
遽（jù）：①匆忙；急。②立即；赶快。
遽然：突然。
蘧（qú）：①蘧麦。②惊喜的样子。

入吾彀中　入吾彀中
彀（gòu）中：箭能射及的范围，比喻牢笼、圈套。
縠（hú）：因恐惧而发抖。

如椽大笔　如掾大笔
椽（chuán）：椽子。放在檩上架着屋面板和瓦的木条。
掾（yuàn）：属员。

首鼠两端　蛇鼠两端
首鼠：踌躇。首鼠两端：迟疑不决或动摇不定。

16

视阀	视阈	枥居	枥居	泥桓	泥洹	耆宿	蓍宿
投刺	投次	荼縻	荼蘼	作伐	作筏	抓阄儿	抓阉儿
树酯	树脂	圬工	污工	卓荦	卓荦	薰衣草	薰衣草
蒜薹	蒜苔	崴蕤	葳蕤	罪愆	罪衍	铆足劲	卯足劲
扦插	钎插	麇集	麋集	蕈菌	蕈菌	不啻是	不缔是

白癫疯	白癜风	嘎嘎作响	嘎嘎作响	嗡声嗡气	瓮声瓮气	
斩将搴旗	斩将擎旗	日出有曜	日出有耀	兰桂其芳	兰桂齐芳	
斫轮老手	斫轮老手	佶屈謷牙	佶屈鹜牙	兄弟阋于墙	兄弟睨于墙	
投畀豺虎	投界豺虎	折冲樽俎	折冲遵俎	俯不怍于人	俯不怍于人	
无远弗界	无远弗届	哀然成集	哀然成集	藿香正气水	霍香正气水	

猩猩狂吠	猖猖狂吠	昨日黄花	明日黄花	银样镴枪头	银样蜡枪头	
宵衣扞食	宵衣旰食	割发代首	割发带首	杆栏式建筑	干栏式建筑	
一傅众咻	一傅众休	幕天席地	暮天席地	黑质而白章	黑质而白张	
擢发难数	捉发难数	籍籍无名	寂寂无名	盛名之下，其实难副		
移尊就教	移樽就教	借筹代箸	借箸代筹	盛名之下，其实难符		
				天庭饱满，地阔方园		
鹑衣百结	鹑衣百结	城门如市	臣门如市	天庭饱满，地阁方圆		
户枢不蠹	户枢不蠧	断鹤续凫	断鹤续鸟			
阒无一人	阗无一人	涅而不缁	涅而不淄			
鸠工庀材	鸠工庀材	袍笏登场	袍扈登场			
不祧之祖	不祧之祖	率尔操觚	率尔操觚			

看一看 16

视阀　视阈
阈（yù）：门槛，泛指界限或范围。
视阈：能产生视觉的最高限度和最低限度的刺激强度。

投刺　投次
刺：名帖，名片。投刺：①投递名帖求见。②丢弃名帖，以示弃官隐退。

树酯　树脂
遇热变软，具有可塑性的高分子化合物的统称。一般是无定形固体或半固体。分为天然树脂（如松香）和合成树脂。是制造塑料的主要原料。不是指树的油脂。
酯：有机化合物的一类。是动植物油脂的主要部分。

蒜薹　蒜苔
薹（tái）：蒜、韭菜、油菜等长到一定阶段时在中央部分长出的细长的茎，顶上开花结实。
苔：苔藓植物的一类。

扦插　钎插
扦（qiān）：①插。②也指用针固定。金属、竹子等制成的针状物或主要部分是针状的器物。如"铁扦"。
扦插：截取植物的根、茎、叶等的一段插在土壤里，使长成新的植株。
钎：在岩石上凿孔的工具，用六角、八角或圆形的钢棍制成。如"钢钎"。

柝居　析居
析：分开；分析。析居：分家。
柝（tuò）：打更用的梆子。

荼縻　荼蘼
落叶灌木，花白色，有香气。
縻：系住。如"羁縻"。

圬工　污工
圬（wū）：抹灰；粉刷。圬工：瓦工的旧称。

葳蕤　葳蕤
葳（wēi）：葳蕤（ruí），形容枝叶繁盛。

麇集　麋集
麇（qún）：成群。麇又读作"jūn"，古书上指獐子。麇集：聚集；群集。
麋（mí）：麋鹿。

泥桓　泥洹
即涅槃。

作伐　作筏
作伐：做媒。

卓荦　卓荦

荦（luò）：明显。卓荦：超绝。"卓荦"也作"卓跞"。

罪愆　罪衍

愆（qiān）：罪过；过失。

衍（yǎn）：①开展；发挥。②多出来的（字句）。

簟菌　蕈菌

蕈（xùn）：真菌的一种。

簟（diàn）：竹席。

耆宿　蓍宿

耆（qí）：六十岁以上的年纪。耆宿：指在社会上有名望的老人。

蓍（shī）：蓍草，多年生草本植物。

抓阄儿　抓阉儿

阄（jiū）：抓阄时卷起或揉成团的纸片。

阉：阉割。

熏衣草　薰衣草

薰：一种香草。

熏：①（烟、气等）接触物体，使变颜色或沾上气味。②熏制（食品）。③和暖。如"熏风"。

铆足劲　卯足劲

铆：把力气集中地使出来。

卯：地支的第四位。也指卯眼。

不啻是　不缔是

啻（chì）：但；只。不啻是：不只是。

白癫疯　白癜风

风：中医指一种致病的重要因素或某些疾病。白癜风：皮肤病。症状是皮肤上呈现一片片大小不等的白斑，不痛不痒。

斩将搴旗　斩将擎旗

搴（qiān）：拔。

砍轮老手　斫轮老手

《庄子·天道》："行年七十而老斫轮。"后用"斫轮老手"指对某方面很有经验的人。

斫（zhuó）轮：砍木头做车轮。

投畀豺虎　投畁豺虎

畀（bì）：给；给以。投畀豺虎：（把坏人）扔给豺狼老虎吃掉。表示对坏人十分愤恨。

无远弗界　无远弗届

届：到。无远弗届：没有什么远的地方不能达到。

猩猩狂吠　狺狺狂吠

狺狺（yín）：狗叫的声音。

宵衣扞食　宵衣旰食

旰（gàn）：天色晚；晚上。宵衣旰食：天不亮就穿衣起来，天黑了才吃饭，形容勤于政务。

一傅众咻　一傅众休

一个人教导而众人干扰。

傅：教导。咻：吵嚷。

擢发难数　捉发难数

擢（zhuó）：拔。

移尊就教　移樽就教

樽（zūn）：古代的盛酒器具。移樽就教：端着酒杯到别人跟前一起饮酒，以便求教，泛指主动前去向人请教。

鹑衣百结　鹑衣百结

鹑（chún）：鹑衣的略称，指破烂的衣服。鹑衣百结：指破烂不堪、补丁很多的衣服。

户枢不蠹　户枢不纛

蠹（dù）：蛀蚀。

纛（dào）：古代军队里的大旗。

阒无一人　阗无一人

阒（qù）：形容没有声音。

阗（tián）：充满。

鸠工庀材　鸩工庀材

鸠（jiū）：鸟名。也有聚集、收集、集合的意思。鸠工庀（pǐ）材：招集工匠，筹集材料。

鸩（zhèn）：传说中的一种有毒的鸟。也指毒酒。

不祧之祖　不祧之祖

祧（tiāo）：①原指祭远祖的庙，后来指继承上代。②把隔了几代的祖宗的神主迁入远祖的庙。不祧之祖：旧时比喻创立某种事业受到尊崇的人。

嘎嘎作响　嘎嘎作响

嘎（gā）：指短促而响亮的声音。

嘎（shà）：声音嘶哑。

日出有曜　日出有耀

曜（yào）：日光；照耀。

佶屈聱牙　佶屈骜牙

聱（áo）牙：拗口。

佶屈：曲折。佶屈聱牙：（文章）读起来不顺口。"佶屈聱牙"也作"诘屈聱牙"。

骜（ào）：骏马。

折冲樽俎　折冲遵俎

樽俎：古时盛酒食的器具。折冲樽俎：在酒席宴会间制敌取胜，指进行外交谈判。

裒然成集　衷然成集

裒（póu）：聚。"裒多益寡"也易错成"衷多益寡"。

昨日黄花　明日黄花

明日：指重阳节后的一天。黄花：菊花。古人多于重阳节赏菊，过了节令再赏菊就没兴味。后多用"明日黄花"比喻过时的事物。

割发代首　割发带首

代：代替。割发：古人祷天祈福时削发以代牺牲，用表恳切。

幕天席地　暮天席地

幕：帐篷。幕天席地：以天为幕，

以地为席。形容倜傥旷达，不拘行迹。

籍籍无名　寂寂无名

寂寂：寂静无声或孤单、冷落之意。籍籍：众口喧腾或声名盛大的样子。与"寂寂无名"意思截然相反。

借筹代箸　借箸代筹

箸(zhù)：筷子。筹：筹划。借箸代筹：借你面前的筷子来比划当前的形势。指代人出谋划策。

城门如市　臣门如市

《汉书·郑崇传》："崇对曰：'臣门如市，臣心如水。愿得考覆。'"指臣子家的门口就像集市一样。形容达官权贵之家宾客如云，巴结奉承者很多。

断鹤续凫　断鹤续鸟

凫(fú)：野鸭。断鹤续凫：截断凫的长腿接到野鸭的短腿上。比喻做事违反客观规律或事物的自然本性。

涅而不缁　涅而不淄

涅：可作黑色染料的矾石。缁：黑色。涅而不缁：用涅染也染不黑。比喻在恶劣环境中，仍能保持高尚的品格。

袍笏登场　袍扈登场

笏：古代官员上朝时所执的手板，用于记事。袍笏登场：身穿官服，手执笏板，登台演戏。比喻上任做官，

多含讽刺意。

率尔操孤　率尔操觚

觚：古时用来书写的木简。率尔操觚：不加思索，拿起木简就写。形容文思敏捷，挥笔成章。

嗡声嗡气　瓮声瓮气

瓮(wèng)：使声音变沉。瓮声瓮气：形容说话的声音粗大而低沉。
嗡(wēng)：形容昆虫飞动等声音。

兰桂其芳　兰桂齐芳

齐：同样。兰桂齐芳：比喻子孙兴旺发达。

兄弟阋于墙　兄弟睨于墙

阋(xì)：争吵；争斗。
兄弟阋于墙：兄弟在家争吵。后用来比喻内部相争。

俯不作于人　俯不怍于人

怍(zuò)：惭愧。
俯不怍于人：低下头不愧于别人。指做人要问心无愧。

藿香正气水　霍香正气水

藿：豆类作物的叶子。
霍：突然；急速。

银样镴枪头　银样蜡枪头

镴：锡和铅的合金。

杆栏式建筑　干栏式建筑

干栏：亦作"干兰"。我国古代流行

083

于长江流域及其以南的一种原始形式的住宅，即用竖立的木桩构成底架，建成高出地面的一种房屋。

黑质而白章 黑质而白张

见柳宗元《捕蛇者说》中"黑质而白章"。质：质地，底子。章：花纹。

盛名之下，其实难副

盛名之下，其实难符

副：符合。

天庭饱满，地阔方园

天庭饱满，地阁方圆

形容一个人面相端正，有大富大贵相。地阁：指下颌部位。

圈出句中的错别字

一些容易犯迷糊的单个的字或词,不方便用词或词组的形式列出,则以圈出句子中的错别字的方式出题。来吧,找找看!圈出句中的错别字。

01

1.1814年，英国人斯蒂芬孙发明了第一台蒸气机车，从此，人类加快了进入工业时代的步伐。

2.邓丽君、林青霞、胡慧中、王祖贤、蔡琴……你知道吗？在这长长的一串名单后面，有一个共同的名字叫眷村。她们都是眷村长大的孩子。眷村，是1949年前后约120万军民迁到台湾后，为了安置军眷而设立的。凤凰卫视的当家花旦，知名主持人吴小莉也曾经在眷村渡过了难忘的成长岁月。

3.攻打邓坎，是由秦良玉带领500名白杆兵为主力。邓坎守将杨朝栋见对方兵力单簿，便准备一举吞灭，于是把手下5000名精兵全部拉到阵地上，排下密密麻麻的阵式。

4.你走你的阳光道，我过我的独木桥，从此我俩互不相干；

5.我马上笑了，觉得自己心里在作祟。有哥哥在，谁敢有这个胆呢？我放心地洗完澡。

6.巫家房屋是石壁大户人家最常见的上厅下廊回字形结构。

7.小五童年时曾经历过一次惊心动魄的时间。那年小五2岁，他姐姐5岁。一天，小五妈妈带他们出去玩，可没想到司机座位下被人放了炸弹，炸弹爆炸时，小五妈妈紧紧抱着小五，小五没受一点伤，而姐姐却受了重伤。

8.顽固派还攻击洋务派是要"用夷制夏"。曾国潘的门生李鸿章、丁日昌被他们骂作是"直欲不用夷变夏不止"，指责李是"竭中国之国努、民财而尽输洋人"。

9.通过寻根问祖、谈古论今来引发代纪之间的讨论和思考，从而强调传承家风，重建民族信仰。

10.煮豆燃豆箕，漉豉以为汁；箕在釜下燃，豆在釜中泣；本是同根生，相煎何太急。此诗始见于《世说新语·文学》，首句作"煮豆持作羹"，"本是"作"本自"，此据丁晏《曹集铨诗》本选录。

11.双方的回应都看似无限可击，那么，问题到底出在哪里？

12.后来几次考试也是由于时运不佳，名落深山，于是连打电话回家报个平安的勇气也没有了。

13. 用纸捻点着一把松油灯，晕黄的灯光照着宁老板向上抬起的脸。

14. 轿夫在轿扛上坐了下来，有人就从口袋里摸出烟丝，卷起烟卷。

15. 在原配妻子罗幼妹的新墓地上掊了最后一杯土，巫永咸手上的铁锹似乎握不住了。

16. 可见，管仲的奢侈思想是其"仓禀实而知礼节，衣食足而知荣辱"思想在社会消费生活中的具体体现，是一种积极的消费观。

17. 杨利伟乘坐神州五号飞船首次进入太空，象征着中国太空事业向前迈进了一大步。

18. 记得还是去年的这个时候，我在江边散步，晚霞映着江水，那种奇异的晚境真是让人留恋不已。

19. 美国的霸权主义和构建单极世界的图谋，是多极法趋势发展的最大障碍。

20. "壬寅学制"毕竟是我国颁发的第一个近代学制，它为后来"癸卯学制"的厘订奠定了基础。

答案

1. 蒸气（汽）机车。蒸气指液体或固体（如水、贡、苯、碘）因蒸发、沸腾或升华而变成的气体。蒸汽指水蒸气。蒸汽机是利用水蒸气产生动力的发动机，由供应水蒸气的装置、汽缸和传动机构组成。

2. 渡（度）过。

3. 单薄（薄）。阵式（势）。阵势在这里指军队作战的布置。

4. 阳光（关）道。阳关道原指古代经过阳关（今甘肃敦煌西南）通向西域的大道，后来泛指通行便利的大道。

5. 作祟（崇）。祟（suì）：指不正当的行动。粜（tiào）：卖出。跟"籴（dí）"相对。

6. 上厅下廊（廊）。廊：指屋檐下的过道或独立的有顶的过道。廓：①广阔。②物体的外缘。③开拓；扩大。

7. 时间（事件）。无疑是因为读音相近导致的错误。

8. 曾国潘（藩）。国孥（帑）。

9. 代纪（际）。

10. 豆箕（萁）。萁：豆秸。箕：簸箕。

11. 无限（懈）可击。

12. 名落深（孙）山。

13. 一把（盏）。晕（昏）黄。

14. 轿扛（杠）。

15. 掊（培）。一杯（抔）土。培：为了保护植物或墙、堤等，在根基部分堆上土。掊：聚敛。挖掘。破开。抔（póu）：①用手捧东西。②把；捧。

16. 仓禀（廪）。廪：粮仓。禀：禀报；禀告。

17. 神州（舟）五号。

18. 晚境（景）。晚景有两层意思：一是指傍晚的景色；二是指晚年的景况。晚境指晚年的境况。

19. 多极法（化）。

20. 颂（颁）发。

02

21. 据《古今楹联拾趣》载：杭州西湖天竺顶，昔有一茅草搭成的庵子，名"竺仙庵"。边有泉眼，水极清冽。

22. 绿色引领时尚，低碳告别高耗，回归自然，不是雕饰，绿色生活成为追求的时尚。

23. 他表面上善于听从别人的意见，骨子里却是个霸道的人，从来就是说一不贰。

24. 工艺学堂改为中等工业学堂后，设有金工、机织工场，学生仿织洋布。

25. 各处集资争办学校，或因陋就简，或委托老校包建新校，或"带帽穿靴"，开始出现盲目发展的局面。

26. 其后，全省逐步建立起了省、市、县建全的职教研究体系。

27. 自从哥哥治服了那些说他背野媳妇的小朋友后，再没人说他背野媳妇了。

28. 今后我国还要解决3亿多农业剩余劳动力的非农转移问题。

29. 阿容向我们款款走来，一举一动尽显淑女风范，身着得体的套装，向我们微微一笑，双颊腓红，又尽显少女妩媚。

30. 远古的大地和天空是那样的空旷无垠，男人们通过在大地上的辛苦劳作，让这种作物得已储满了太阳的热量和白云的色度。

31. 1953年2月25日，邱少云的灵柩从朝鲜运送回沈阳，沈阳市倾城举哀，党政军民十万余人夹道欢迎，烈士遗骨葬至北效烈士陵园。

32. 正是这些与村民生活戚戚相关的仪式，无往不胜地传递亲疏远近、上下等级之分的宗亲规则。

33. 广济庵古朴庄重，即是香客心灵慰籍的地方，也是百姓祈求风调雨顺、国泰民安的场所。

34. 2015年7月的报表显示，公司营业收入185万元，业绩表现惨淡，同比下跌8%。

35. 桐口村是江永女书文化村之一，也是一代才女、杰出的江永女书传人义年华的故居。

36. 先来说说"顾客维权"这挡子事儿，其实商户早已见怪不怪。

37. 干栏又称高栏、葛栏或麻栏，是从越人巢居演变过来的。浙江河母渡文化有干栏遗址，距今有 7000 多年历史了。

38. 如果男方看重哪家的女孩，便请媒人上门提亲，如对方有意，则把男女双方的八字互相交换，由算命先生"合八字"。

39. 它的制作有尺寸规定，蕊页 9—15 页，只写其中 3—6 页，留下的空白给回门女续写，书里还夹着五色丝线和剪纸图案等。

40. 新中国成立前，新生婴儿落地后第一个经过产妇家的外人或产妇听到第一个说话声、走动声的外人，皆俗称为"逢生人"或"踩生人"。民间习俗说：生男孩，最好是女人逢生；生女孩，最好是男人逢生；有"男逢男，霉三年；女逢女，霉到底；异性相逢，阴阳才合，披此才不相克"之说。

答案

21. 芧（茅）草。芧（xù）：古书上指橡实。

22. 不是（事）雕饰。

23. 说一不贰（二）。二：两样。贰：①"二"的大写。②变节；背叛。如"贰臣"。

24. 仿（纺）织。

25. 带（戴）帽穿靴。

26. 建（健）全。

27. 治服（制伏）。制伏：用强力压制使屈服。治服：治理使驯服。

28. 农业（村）。

29. 腓（绯）红。绯：红色。腓[1]：腿肚子。腓[2]：病；枯萎。

30. 得已（以）。

31. 灵枢（枢）。北效（郊）。

32. 戚戚（息息）相关。

33. 即（既）是。慰籍（藉）。

34. 业迹（绩）。

35. 故居（乡）。故乡：出生或长期居住过的地方；家乡。故居：曾经居住过的房子。

36. 挡（档）子事。

37. 麻烂（栏）。河母（姆）渡。

38. 看重（中）。

39. 蕊（芯）页。芯：泛指某些物体的中心部分。蕊：花蕊。

40. 披（彼）。

03

41. 汤在开始的时候比炒菜的咸度略高，不可太咸，因在炖煮的过程中会越来越咸。以筷子可以凿入肉块的最中心，又稍有阻力的感觉时为准，大约需要3小时。

42. 好好的一段平路，走着走着，他却突然往前一溜，后脑着地，迎面摔倒在地上。

43. 2016年6月18日，美国纽约，美人鱼大游行在科尼岛上演，参加游行的人们纷纷妆扮成美人鱼以及海洋生物的样子在海滨狂欢。

44. 平时妇女们穿着漂亮的裙子，打着绑腿，包着头巾，行走在万绿丛中，是那么的阿娜多姿。回到依山傍水的吊脚楼，打出一碗碗香喷喷的油茶，做出满桌酸鱼辣菜美味佳肴。

45. 当我们审读历史细节，深入历史人物内心世界时，我们能不能在这些制度和政策背后发现一丝丝这位大明天子的私心和怪癖个性？

46. 此后幼年朱元璋又经常患病，但总能遇异人搭救。于是他的父母使萌生了让他当和尚以礼佛的念头，只是一直没有机会。

47. 一辆大货车装载着20吨成品箬叶，缓缓驶出厂房，运往嘉兴，按照合同约定供应给那里众多做粽子的企业。

48. 天下之大，何患无才？总之，这几个人的确都不适合当丞相，请陛下慎重考虑，认真仿求吧。

49. 从洪武六年元月至七月这段时间，朱元璋坚持宁缺勿滥的原则，久不置相。

50. "我们茶陵的精英都在这里，我们不能让大家都栽在这个小城里。"谭思聪咬了咬嘴唇，感慨地说："钱是身外之物，丢掉了，下次再去缴，战士们的生命才是最宝贵的。"

51. 朱元璋没有哼声，第二天他把朱标叫到一边，将一只荆条丢在地上说：你把它捡起来吧。朱标看着这根长满刺的荆条，面露难色。朱元璋笑着说：我叫你捡它，你又怕刺，现在我帮你把刺除掉，你不就可以很顺利地拿着这根荆条去指挥别人了吗？

52. 邓庸受刑不过，只得招出朱棣诈疯，暗中联络各处心腹将校，侍机谋反的情况。

53. 通过揉捻使茶叶成条或有褶皱，并使茶叶细胞组织破裂，茶汁附着于叶面，易于冲泡，为握堆创造条件。

54. 釉子，是在牙冠表层的半透明的白色硬组织，十分坚硬。

55. 为了确保北京首善之区的特殊地位，为了让他和他的子孙们能在这里奉天承运，安享天平，在北京城的规划和建设方面，尤其是皇城和宫城的规划和建设方面，朱棣更是命人进行了精心的设计。

56. 今天刚发了季度奖，找个好点的馆子，我俩搓一顿。

57. 观竹楼美轮美奂，耸立翠薇之巅，轮廓优美，造型古朴，气势雄浑，堪称是座集建筑、雕刻、绘画于一体的艺术宝殿。

58. 永乐十二年，孟加拉国新王继位，永乐帝派宦官前往祝贺，并册封其王号，作为回报。孟加拉新国王送给明成祖一头长颈鹿。长颈鹿运达北京时，在朝野引起轰动，人们认为这就是中国古代传说中的"麒麟"。

59. 他想，现在形势是有些严峻，这是一场史无前例的大屠杀，敌人已经在霍霍磨刀，我们也不能引颈受吻。

60. 时任礼部尚书的夏言是皇上眼前的红人，而且是他的同乡，严嵩认准了这颗大树，决意打通这条门路。

答案

41. 凿（戳）入。戳：用力使长条形物体的顶端向前触动或穿过另一物体。凿：打孔；挖掘。也指明确、真实。

42. 迎（仰）面。"后脑着地"，当是脸对着天，应为"仰"。仰：脸向上。

43. 妆（装）扮。

44. 阿（婀）娜多姿。

45. 怪癖（乖僻）。乖僻：乖戾。怪癖：古怪的癖好。

46. 使（便）萌生了。

47. 箸（箬）叶。箬：箬竹。箸：筷子。

48. 仿（访）求。

49. 宁缺勿（毋）滥。

50. 裁（栽）。

51. 哼（吭）声。一只（根）荆条。

52. 侍（伺）机。

53. 握（渥）堆。渥：这里指沤、浸泡。

54. 釉子（质）。釉质：牙冠表面的一层硬组织。釉子：以石英、长石、硼砂、黏土等为原料，磨成粉末，加水调制而成的物质，用来涂在陶瓷半成品的表面，烧制后发出玻璃光泽，并能增加陶瓷的机械强度和绝缘性能。

55. 安享天（太）平。

56. 搓（撮）一顿。撮：吃。

57. 翠薇（微）。翠微：青绿的山色。薇：古书上指巢菜，多年生草本植物。

58. 宧（宧）官。麒鳞（麟）。宧（yí）：古时指屋子里的东北角。麒麟：古代传说中的一种动物。古人拿它象征瑞。

59. 引颈受吻（刎）。

60. 这颗（棵）大树。

04

61. 1840年鸦片战争后，英帝国主义的洋枪洋炮打开了固步自封的大清国门，腐败无能的清政府被迫同帝国主义列强签订了一系列的不平等条约，香港被割让给英国，一些大中城市也相继被开放为商阜。

62. 大体而言，中国传统时代一向奉行轻徭薄赋、十一而税的代田赋原则。

63. 从13世纪中期开始，柏朗嘉宾、鲁布鲁克、孟高维诺等一批有影响的基督教传统士陆续东来，他们除了完成身负的宗教使命外，在向西方人介绍中国方面也做出了不少贡献。

64. 比庐隐小8岁的李唯建，经过一波又一波的爱情攻势，终于俘获了庐隐渴望温暖的心。他们的热恋，引起了舆论的一片哗然。庐隐的回应是：生命是我自己的，我凭我的心意去处置它，谁管得着？对于外界的恶意讥讽和朋友的好心规劝，她均抱以一笑。

65. 在知府王泮等人的保护下，罗明坚和利玛窦才免遭大祸。此后，他们更加小心翼翼，以各种方式讨好中国的官员的百姓。一次，王泮的兄弟到广东来做绸缎生意，因当时价格偏底，一直卖不出好价钱，利玛窦趁机介绍一位葡商以高价买下了他的货物。

66. 在南昌，利玛窦不再建立教堂，只是依照儒家的办法设一个论道堂，用座而论道的方式代替在教堂中传播教理。

67. 李心斋是南京城有名的文人，他父亲做过总督，他自己则文采过人，经常为显贵们提寿屏，写祭文、挽联等。

68. 有一天，宴会开始后，许多人开始讨论中国的一个古老话题，即人性是本善还是本恶，亦或是与善恶无关。利玛窦把矛头直接三淮和尚。

69. 一个人走在深秋漆黑的夜里，树上飘下的落叶发出"沙沙沙"的声音，迎面吹来的风让人感到一种萧杀之气。

70. 他便自己琢磨，设计图样，亲自锯木钉板，造出一张床，床板可以折叠，携带移动都很方便，床架上还雕搂有各种花纹，美观大方，为当时的工匠所叹服。

71. 郑贵妃策划的这次挺击事件因东窗事发，从此势力大衰，神宗不得不放弃立福王为皇太子的念头。

72. 古希腊在每届奥运会举办前，人们都要高举着在赫拉神庙前点燃的火柜，奔赴各个城邦，去传递停战的神谕和奥运会召开的消息。

73. 但熊廷弼一惯清廉，根本拿不出银两，魏忠贤感觉被耍弄，恼羞成怒，自然要报复。

74. 崇祯想启用太监来革除朝臣们的陋习敝端，其结果恰恰相反。

75. 前线战事顺息万变，作为最高决策者，崇祯本应放手让前线指挥官指挥，"将在外，君命有所不受"；但他自信且多疑，又常寄希望毕其功于一役，于是直接插手前线战事。

76. 10 月 18 日，茶陵县农民协会成立，陈应炳当选为县农民协会委员长。翼日，近万人云集铁牛潭对面的沙洲上，全县 4 个区、124 个乡的农会会员全部在这里集合。

77. 头顶蓝天白云，背依碧树青山，沿山间小道抬级而上，听狗吠，闻鸟鸣，别是一番味道。

78. 四年前，吴某两口子从河南来到湖南长沙做生意。虽经过一番波折，但由于夫妻二人同心同德，从刚来时的在菜场摆摊，到现在租了个门面，生意也开始走上正规。

79. 嵇喜写诗也有两把刷子。他是一个文学青年，因为健康立业的热血太盛，才投笔从戎。嵇康却到处游荡，尽搞些养生修仙的玩意儿。

80. 不过，任何事物都有两面性，自由自在的成长环境给了嵇康发展的自由，也让他养成了骄傲、单纯的性格，单亲家庭的艰难更是他变得激愤而脆弱。

答案

61. 商阜（埠）。

62. 十(什)一而税。什一：十分之一。

63. 传统（教）士。

64. 抱（报）以一笑。

65. 官员的（和）百姓。偏底（低）。

66. 座（坐）而论道。

67. 提（题）。

68. 亦（抑）或。直接（指）。

69. 萧（肃）杀。形容秋冬天气寒冷。萧：萧索；萧条。

70. 雕搂（镂）。镂：雕刻。搂：①用手或工具把东西聚集到自己面前。②用手拢着提起来（指衣服）。

71. 挺（梃）击。梃（tǐng）：棍棒。梃击案发生在明万历四十三年。当时，皇后无子嗣，王恭妃生子常洛，郑贵妃生子常洵。神宗皇帝想违背"立嗣以长"的祖训，册立朱常洵为太子而引起的梃击事件。

72. 火柜（炬）。

73. 一惯（贯）。

74. 启（起）用。敝（弊）端。

75. 顺（瞬）息万变。

76. 翼（翌）日。

77. 抬（拾）级而上。

78. 正规（轨）。

79. 健康（建功）立业。

80. 更是（使）。

05

81. 尽管嵇康不喜欢儒家教育，不喜欢哥哥的孜孜教诲，可是常年儒家学说的熏陶，加上贫困的童年生活，都不允许他做一个安稳的隐士，他必须首先找到安身立命的物质条件。

82. 嵇康看后，以《难宅无吉凶摄生论》展开批评，阮侃又写了《释难宅无吉凶摄生论》，双方反复辩论，不但增长了认识，也结下了深厚的友谊。

83. 此时，司马集团和曹魏集团的矛盾已经公开化了，不只是阮籍，其他的一些人也看到了大乱降至。一年多后，司马集团发动了高平陵之变，曹爽被杀头。

84. 当时，阮籍正跪在地上痛哭，这也是迎接前来吊唁的宾客的礼仪。他一看见阮籍走了进来，就立即从地上爬了起来，停住哭声，对着嵇喜翻白眼。

85. 孔子说，三十而立，四十不惑。按照孔子的标准，他早应该安身立命十年了，可是现在，前途的曙光才仅仅出现。

86. 谁知刘伶一点也不在意，看着大家惊慌失措的样子，满不在乎地说："天地是供我居住的房子，我的房子就是我身上穿的裤子。你们本来就不应该到我的裤子中来。既然来了，有为什么要害羞呢？"

87. 其余的人一看，连连摇头，表示遗憾，唯有阮咸二话不说，"卟嗵"一生跪在地上，趴在盆边和猪一起喝起来。

88. 夏侯玄的帅出自天然，凤姿如同抱着一轮晴空中的明月，西晋名相裴楷称赞说，看到他就如同进入神庙，你会不由自主地尊敬他。

89. 特别是一些心怀梦想的年轻人，他们希望一举成名天下知，于是一边东施笑颦，模仿名士的做派和性格，一边跃跃欲试，试图出人投地。

90. 其余几个人偶尔发生了争论，面红耳赤的时候，也是他出来做老好人，左劝说，右调节，苦口婆心，把一个组织部长的才能发挥得淋漓尽致。

91. 吕安有时候也会在山阳呆上好长时间，他与向秀在园子里种菜，等菜成熟的时候，就挑到集市上卖了，得了钱就去卖酒喝。有时候还在嵇康的铁匠铺子里一起打铁。

92. 中国和日本就钓鱼岛领土争议引起的关系激发成为加强和巩固美日两国关系的新动力。

93. 现在我们就全面了解了五石散的功效：首先它有壮阳强体，也许还有少许治疗湿疮、溃疡的功效，并在服用后可以让人性情亢奋，浑身躁热，身体肌肤的触角变得高度敏感，要用冷食、喝温酒、脱衣裸袒、运动出汗等方式来发散药力。

94. 她的声音犹如天籁之音，余音绕梁，好听极了。

95. 清谈之所以叫"清"谈，是相对与俗事来说的。

96. 这篇文章与他之前不久创作的《达庄论》一起构成了他的玄学体系，标志着阮籍已经有一个儒家学者彻底转化为玄学家。

97. 这也是一句经常被翻新的经典论断，特别是胸怀梦想的知识分子，在现实面前被捧得头破血流的时候，总是有一种怀才不遇的愤慨和不满。

98. 有一天，他到北古亭游览，想起三国时建功立业的英雄和南宋小朝廷的腐败无能，挥笔写下了《永遇乐·京口北固亭怀古》。

99. 梁松身份高贵，满朝文物没有不服他的。

100. 有一次，向秀和吕安、嵇康在一其清谈，向秀突然说自己要写一个贴子，给庄子做注。在他看来，尽管已经有很多人注解过庄子，但是他们都不得要领。

答案

81. 孜孜（谆谆）。薰（熏）陶。孜孜：勤勉。谆谆：形容恳切教导。

82. 认（见）识。

83. 大乱降（将）至。

84. 看见阮籍（嵇喜）走了进来。阮籍不能看见"阮籍"，只能看见进来的嵇喜。

85. 仅仅（刚刚）。

86. 有（又）为什么。

87. 卟嗵（扑通）。一生（声）。

88. 凤（风）姿。晴（碧）空。后面是"明月"，只能是夜晚，不能说"晴空"。

89. 东施笑（效）颦。出人投（头）地。

90. 右调节（解）。若（苦）口婆心。

91. 卖（买）。

92. 激发（化）。激化：（矛盾）向激烈尖锐的方面发展。激发：刺激使奋发。

93. 躁（燥）热。触角（觉）。触觉：皮肤等与物体接触时所产生的感觉。触角：昆虫等动物的感觉器官之一，生在头上。

94. 天籁之音（去掉"之音"）。天籁本就指自然界的声音，再加上"之音"就重复了。

95. 相对与（于）。

96. 有（由）。

97. 捧（碰）得。

98. 北古（固）亭。

99. 文物（武）。文武：这里指文臣武将。文物：历代遗留下来的在文化发展史上有价值的东西。

100. 一其（起）。贴（帖）子。

06

101. 他一直以来就呈强好胜，但不能因此而牺牲他人的利益呀！他想争第一，我却不想随了他的心愿。

102. 竹林七贤从三个方面证实了自己的学术能力，在正始名士调零的情况下，重新撑起了玄学的大气，取得了非凡的成就。

103. 所以他们优游山水、不理政治、养生修身、荒诞旷达的生活态度也很快被人们所了解和接收，并且竞相效仿。

104. 而嵇康也不喜欢人情往来，特别是对不和自己脾气的人，常常是."像秋风扫落叶一样残酷无情"，在洛阳没呆几天就会了山阳。后来钟会忙于官场，嵇康忙于寻仙，两条路没有什么重合的地方，因此也没有见面的机会。

105. 这时候，嵇康突然停下了手中的伙计，问道："听说了什么才到这里来？看到了什么又准备离开？"

106. 这次欢迎会开得简单、亲切，却又不失浓重，得到了与会人员的交口称赞。

107. 不对抗，不放弃，注定了阮籍以后艰难的历程。因为不对抗，所以他表面上言听计从，现是做司马懿的官，后来又做了司马师的官。

108. 对于国家政权来说，这三件事都没有任何意义。但是对一个名士来说，这确实职责所在，这些活动进一步扩大了阮籍的名士影响。

109. 阮籍在东平相任上的时间只有十天，连板凳都没捂热。我们可以估计，他连同事都没有认识完全，就骑着驴原路返回了。

110. 阮籍对母亲的感情不可谓不深，但是他的做法不合规矩，特别是吃肉喝酒更是与理不合。所以这件事引起了儒家道家学派的严厉指责。

111. 谢天谢地，曹髦那个愤青终于永远地闭嘴了，可是这种不光彩的事儿，究竟该怎么向天下人交代才好？

112. 我全力学养生之术，正排斥荣华富贵，拒绝美味，平静心绪，以无为为贵。及时没有上面的顾虑，也不能满足你的要求……你不要给瞎子乱指路，最后把我带到沟壑中去。

113. 二妖斗行者不过，又被行者用计骗了紫金葫芦和玉净瓶，只得找九尾狐狸精救助，派两个小妖过去。行者敲晕小妖，骗出狐狸精杀了，夺了晃金绳，自己变成狐狸精的样子来到莲花洞中。

114. 钟会建功立业的美梦破灭以后，对邓艾的以外成功非常不满。他派人在半路抓住了邓艾派出的信使，获得了邓艾写给司马昭的公文。

115. 他这人遇到什么问题都要纠结半天，别人说什么他也老喜欢顶缸。

116. 如果说以前还有什么侥幸心里的话，阮籍这一次是在精神上彻底被司马昭打倒了。

117. 但贾充白忙活一场，终究是有点不爽，心想就算搞不到你裴秀，把你们名士派的得力干将山涛搞走也算不白挖一场墙角。

118. 他虽然似乎远离着政治大权的争夺、军事大计的决定、帝位继承的苦恼，却正是那些风波中属于一个大阵线的人的朋友和实际的首脑。

119. 见风使船到这种地步，也难怪遭后人不耻。

120. 辞世最惨列的当属嵇康和吕安。这两个人都喜欢庄子，对庄子的养生有很深的感悟和发挥，但是事与愿违，他们两个人的生命却遭到意外的摧残。

答案

101. 呈（逞）强好胜。随（遂）了。遂：顺；合乎（心意）。

102. 调（凋）零。大气（旗）。

103. 接收（受）。接受：对事物容纳而不拒绝。接收：①收受。②根据法令把机构、财产等拿过来。

104. 不和（合）。会（回）。

105. 伙（活）计。

106. 浓（隆）重。隆重：盛大庄重。浓重：（烟雾、气味等）很浓很重。

107. 现（先）是。

108. 确实（却是）。

109. 捂（焐）热。捂：遮盖住或封闭起来。焐：用热的东西接触凉的东西使变暖。

110. 与（于）理不合。

111. 债（愤）青。

112. 及时（即使）。

113. 救（求）助。晃（幌）金绳。

114. 以（意）外。

115. 顶缸（杠）。顶杠：争辩。顶缸：指代人受过。

116. 心里（理）。

117. 搞不到（倒）。墙角（脚）。

118. 政冶（治）。

119. 见风使船（舵）。不耻（齿）。

120. 惨列（烈）。

07

121. 老师上课时讲一个词叫"对称"。什么是对称呢？老师启发大家说："同学们，人的身体哪里是对称的？"孩子们一听乐了，抢着说：眼睛、眉毛、耳朵、鼻孔……一个男孩子的手举得特别高，老师点了他的名，说："你说吧！"那孩子噌地站起来，说："老师，人的两个屁股是对称的！"全班一阵哄堂大笑。

122. 日本的善男信女对寺庙施舍甚多，所以经常会有人来偷公德箱里的钱，和尚却假装看不见。和尚说："能到寺里拿钱，可知已窘迫至及，佛门本是济人呀。曾经到寺庙拿钱的人，心怀感恩，会加倍回报社会弘法礼佛的。"

123. 这座墓碑在上世纪五十年代的"大跨进"时期已被毁，由于我小时候经常到这里放牛砍柴，所以记住了这墓碑上的对联。

124. 这几栋破旧残败的房子墙壁上布满了无数的弹孔，旁边几棵树的树干上，也是弹痕垒垒，可见当年那场大战是多么惨烈。

125. 考取石门一中以后，我便马上溶入到高28班这个新的班集体里，开始了新的学习生活。

126.《凤求凰》中我最喜欢"何缘交颈为鸳鸯，胡颉抗兮共翱翔"这两句。

127. 要自己挑着行礼，爬山涉水走这么远的地方，这对于还只有十四五岁的初中生来说，不能不说是一种锻炼或者说是一种考验。

128. 李学军耷拉着脑袋走在路上，他怎么也想不通，妻子为什么不顾忌自己的面子，让那一伙人看他们的笑话？

129. 几十年来，虽时过景迁，几经辗转，但令人庆幸的是，至今我还保留了4本类似大32开本图书的"听课笔记"。

130. 时至今日，已经是时过境迁，物事人非，过去40多年了。

131. 这次革命爆发在中国封建社会已开始解体，但民族资本主义尚未出现，封建经济仍然占居统治地位的情况下。

132. 小小见这样的溜须拍马都不见效果，眼睛咕噜一转，想出一个溲主意。

133. 湖湘文化具备多源、包容特点，自形成伊始，广汇百家，以一种博彩群秀、融会费通的精神而不断深入渐成"显学"。

134. 努力以湖湘文化为支点追寻传统文化的精神与气质，在新的经济条件下以传统文化锻造世人的论理道德，更有效地推动社会主义先进文化的发展。

135. 我们不由将血液冷却下来，冷静且平静地审视和对待湖湘文化创新等传统文化本身，积极而虔诚地秉成文化传统与文化创新的对接理念，有效地推动中国特色社会主义精神文明乃至物质文明与政治文明的健康发展。

136. 与道家"无为而治"有所不同，儒家强调的是"推已及人"、道德教化、纲常名教，已成为中国传统文化的特征和主流。

137. 在这次的群众投票中，由于严森工作能力突出，廉洁自律，深负众望，获得全票通过，当选为部门经理。

138. 曾思玉个头比较矮小，加上机敏过人，在战斗中常常能出其不意地置敌获胜。

139. 近日，酷眩的周杰伦和知性中透着性感的莫文蔚亲蜜牵手为广汽丰田雅力士作代言，同为爱车一族的两人在展台上的表现游刃有余，配合一黑一白两台雅力士，刚柔相济，魅惑四周。

140. 肥胖的人喜欢采用泻药之类的东西将体内的"毒素"排走，但他们不知道那一刻排走的只有水份，虽然体重减了，可身上的脂肪一点也没少。若过渡使用还会引起脱水的症状，危机身体健康。

121. 嚯（霍）地。霍：突然；急速。嚯：①表示惊讶或赞叹。②形容笑声。

122. 公（功）德箱。至及（极）。

123. 大跨（跃）进。

124. 垒垒（累累）。累累：接连成串的样子。垒：用砖石等砌或筑。

125. 溶（融）入。

126. 颉抗（颃）。颉颃（xié háng）：鸟上下飞。

127. 行礼（李）。爬（跋）山涉水。

128. 耷（耷）拉。顾忌（及）。耷（dā）：大耳朵。耷拉：下垂。

129. 时过景（境）迁。

130. 物事（是）人非。

131. 占居（据）。

132. 咕噜（骨碌）。溲（馊）主意。馊：指想法不高明。溲：排泄粪便。

133. 博彩（采）群秀。融会费（贯）通。

134. 论（伦）理。

135. 秉成（承）。

136. 推巳（己）及人。

137. 深负（孚）众望。孚：使人信服。

138. 置（制）敌。

139. 酷眩（炫）。亲蜜（密）。眩：①昏花。②迷惑。炫：①（强烈的光线）晃人的眼睛。②夸耀。

140. 水份（分）。过渡（度）。危机（及）。

08

141. 开餐时，我们邀请了其他同学，大家围在一起，你一言我一语地吃将起来。

142. 几十年后，他有了高血压，我不知道是否是跟当年吃多了肥肉有关。但在我的心中，却一直心存欠疚和感激……

143. 春天来了，花园里各种各样的花骨朵羞羞搭搭地互相簇拥着，仿佛是一群胆怯羞涩的小姑娘。

144. 罗荣桓急冲冲闯进林彪的车厢，尽量压住满腔的火气说："攻锦州计划已经展开，我认为打锦州还是有把握的。此时回师打长春实为下策。"

145. 他转个身来，问道："你也喜欢？"

146. 许多人开始行动起来：有的发出呼呼，有的积极报名，有的走进园林，有的走上山坡。

147. 在陕北根据地，他们为减轻百姓负责，自己动手纺纱织布，屯兵南泥湾，创造出"赛上江南"的奇迹。

148. 他们一手拿枪一手挥稿，不仅建设了我国最大的棉花生产基地，而且栽种了各种树木，美化了北疆，使不毛之地成为千里绿州。

149. 朋友告诉我，这里正在举行堆雪人比赛，是市里一个学区举办的，有十多所学校的少儿代表队参赛，还有一批业务爱好者。

150. 在随后的两年时间里，3万多无房户从岩洞、草蓬中搬进村子里。

151. 俗话说，"一个蓠芭三个桩，一个好汉三个帮"。组织和动员广大民兵扶贫帮困活动，是一个系统工程，离不开群体作用的发挥。

152. 沿小溪往山里走，不过七八里路，就看见丝帘一样的瀑布飞泄而下，击在石头上，冷冷作响。

153. 即使是对于那些看来似乎是老僧常谈的东西，有时只需交换一个观察角度，就会有新的发现。

154. 自2012年以来，该院共受理被盗案件30余件，其中尤以私家车车内财务被盗类案件居多。

155. 因此本总队将战斗教练、射击教练、臂刺教练、革命教育四项列为教学重点。

156. 艺高胆大，在战场上与敌人白刃相对时，始能迎刃而解，取得最后胜利。

157. 囊中宽裕者，还可红烧蹄膀清蒸鲫鱼，大快朵颐。但阮囊羞涩者，只好一包大红袍（脱壳炒花生）、一壶糊子酒，亦可自得其乐，陶醉一番。

158. 二十一总队的番号，虽然在武冈四个总队中，排行第三，但是以毕业时间而论，则是老么。

159. 但是到了期中，同学们感情已见融合，并在"亲爱精诚"熏陶下，团队精神越加突出，常为各级长官所称许。

160. 是年夏，中央军校第七分校到宁波招考第十六期学生，我以同等学历报考，惜体格检查时，因有砂眼而遭淘汰，使希望顿成泡影。

答案

141. 你一言（口）我一语（口）。

142. 欠（歉）疚。

143. 羞羞搭搭（答答）。

144. 急冲冲（匆匆）。

145. 转个（过）身。

146. 呼呼（吁）。

147. 负责（担）。赛（塞）上江南。

148. 挥稿（镐）。绿州（洲）。

149. 业务（余）。

150. 草蓬（棚）。

151. 蓠芭（篱笆）。

152. 冷冷（泠泠）作响。泠泠：形容声音清越。

153. 老僧（生）常谈。

154. 财务（物）。

155. 臂（劈）刺。

156. 白刀（刃）。

157. 蹄膀（髈）。一壶（壸）。壸（kǔn）：宫里的路。"壸"比"壶"多了一横，容易看走眼。

158. 老么（幺）。

159. 融合（洽）。

160. 学历（力）。砂（沙）眼。沙眼：眼的慢性传染病。砂眼：铸造过程中，气体或杂质在铸件内部或表面形成的小孔。

09

161. 1998 年的时候,我买了一套经济实用房,当时那里还是荒郊野外,没想到现在已经变成河西的交通要道。

162. 轻机枪最难的是扣板机,如何达到校方只能"三发点放"的要求,除苦练外,别无他途。

163. 感怀在一年又九个月的革命烘炉中,千捶百炼,使我们由一个新兵奠定了兵学基础,具备了应有之识能,成为承先启后的黄埔子弟。

164. 为确保项目剋期完工,各乡镇要加强协调,认真听取群众意见和建议,及时化解矛盾。

165. 我们离开军校的前一天,纷纷要求队副侯楚廉签名留恋,他给我的留言是:"去时儿女悲,归来茄鼓竞;借问行路人,何如霍去病。"

166. 父亲主持制订教学计划,亲自上课,慷慨陈辞,鼓舞士气。

167. 欣闻日冠投降,惊喜交集,连夜赶回恩施,旋接省府电报,受任为湖北省政府先遣负责人,兼任第六战区敌战区物资接管委员会委员,从长江边的三斗坪乘一艘小邮轮沿江东下,赶往武汉负责接管工作。

168. 每次经过广电前坪时,那花坛里的迎春花一蔟蔟争相怒放,甚是好看。

169. 今天下午 4 点照常召开列会。

170. 温馨提示:您已超过两小时没给亲爱的她打电话了。天干雾燥,小心她闹!

171. 你即便用各种卑鄙的手段报复我,我也懒的理你。惹不起,我总躲得起。

172. 其实从黄埔走出来的不仅有灿若群星的风云战将,也同样不乏郝郝有名的文坛巨子。

173. 这几天我总算看出来了,走势完全被庄家玩弄于鼓掌之上。碰到这样的厉害庄家,那些自以为是的技术派只能为自己急不可耐的操作燠恼不已。

174. 这里的文人墨客、商贾要人,朝朝代代无论是追求功名、积极入世的也好,还是世大皆空、超然出世的也罢,我们的文学伤口都深深地烙着这古城文化的印记。

175. 他一生著诉很多，成就颇大，他的一些著作被编入今天的大学教材，还有不少学者专门研究他的作品。

176. 他回想起一定是忘在某个地方了，但是这时再返回去找是不可能的了，因为赶考在急，不能耽误。

177. 禀着不出门就不花钱的原则，姐妹俩决定就在家里蹲着，一宅到底。

178. 在文家市的前委会上，虽然有到罗霄山脉中段去当"山大王"的思想，但没有具体目标，后来作出了"先退萍乡"的决定。由于敌人围追赌截，萍乡未去成，部队只得继续南下。

179. 这是毛泽东对建交新型人民军队的一次重要探索。尤其是"支部建在连上"，是毛泽东对无产阶级建军原则的一个重要创造。

180. 那么，毛泽东到底为何落选？原因何在？长期以来众说纷坛，莫钟一是。历史的真相究竟如何呢？

答案

161. 实（适）用。

162. 板（扳）机。

163. 烘（洪）炉。千捶（锤）百炼。洪炉：大炉子，比喻陶冶和锻炼人的环境。烘炉：火炉。

164. 剋（克）期。克期：指约定或限定日期。剋：打架，或指骂、申斥。

165. 留恋（念）。茄（笳）鼓。笳：胡笳。茄：茄子。

166. 慷概（慨）。

167. 日冠（寇）。敌战（占）区。

168. 蔟蔟（簇簇）。簇：这里指用于聚集成团的东西。蔟(cù)：蚕蔟。

169. 列（例）会。

170. 天干雾（物）燥。

171. 懒的（得）。

172. 郝郝（赫赫）有名。

173. 鼓（股）掌。燠（懊）恼。懊：烦恼；悔恨。燠（yù）：暖；热。

174. 世（四）大皆空。

175. 著诉（述）。著述：著作和编纂的成品。

176. 在急（即）。

177. 禀（本）着。

178. 赌（堵）截。

179. 建交（立）。

180. 众说纷坛(纭)。莫钟（衷）一是。

10

181. 正常的意见分岐并未在毛泽东、朱德心中留下阴影，朱德领衔写信：请毛泽东回来主持前委工作。

182. 赤水河畔，毛、蒋斗智斗勇，毛泽东的棋一步步清晰，蒋介石却一片浑沌。

183. 佯攻贵阳，攻其必救。通过蒋介石一份份急电，一个个手电，滇军终于被调了出来，毛泽东率领红四军跳出了敌人围追的圈子。

184. 它所确定的党指挥枪的原则，则从根本上划清了人民军队与旧军队的界限，解决了如何把以农民为主体的军队建设成为一支新型人民军队的问题，是建设人民军队史上的里程牌。

185. 拼消耗的主张，对于中国红军来说是不合适宜的。比宝不是龙王向龙王比，而是乞丐向龙王比，未免滑稽。

186. 随后，他就拿出一沓稿子，开始作报告，以中央负责人的身份对前段的工作进行总结。

187. 周恩来报告结束后，博古提议大家就正、副报告进行讨论。

188. 叶剑英回到前总后，便在考虑脱身之计。想来想去，他决定利用张国焘的南下电报做文章。他找到徐向前和陈昌浩说：如果部队要回头再过草地，需要准备更多的粮食。准备动员部队在明天天一亮就去地里割青稞。

189. 中央红军连夜出走，四方面军副参谋长带队紧追，双方剑拔弩张，毛泽东对围观的四方面军干部说：你们实在要南下也可以，相信以后总会有重新会合的机会。

190. 日上三杆，在新城大楼指挥部里的张学良和杨虎城，几天来过度的劳累和紧张使他们心如系石，如今石头落地，顿时松弛下来。

191. 她一面与何应钦大吵大闹，一面与英美使馆紧急蹉商，并央请与张学良有深交的澳籍美人、蒋介石的私人顾问端纳飞抵西安，探明真相并调解。

192. 说着，毛泽东又习惯性地搬起了手指头，说："比如，靠近东北的冀东，连着关内关外，地位就很重要嘛。"

193. 估计一两天之内特务也会提审他,如果受了刑,可能会拖延越狱计划。事不迟疑,他们决定第二天行动。9月23日,天气闷热,小小的牢房里犹如蒸笼一般,汗气和热气混杂在一起,让人透不过气来。

194. 写这样一部历史长卷,谈何容易!历史阶段如何划分,章节观点怎样形成,史实怎样确保准确,论述如何慎密易懂……这些问题,让黄学禄历经心血。

195. 一部《神探狄仁杰》让"元芳"在网络上爆红,张子健也因此人气巨增。而在今年的开年大戏《平原烽火》中,张子健饰演的抗日英雄罗金宝,一改"元芳"冷静镇定的形象,在剧中效仿起马景涛,彻底变身"咆哮帝"。

196. 据台湾"中广新闻网"11日报道,印度与巴基斯坦近日因暴雨成灾,水泛严重,至今已造成450多人死亡,70多万人逃离家园。

197. 南朝诗人谢灵运的《忆山中》有言:"不怨秋夕长,常苦夏日短。"分明是夏天长,源何报怨日短?哦,莫不是诗人诗意正酣、挥洒未尽却已红日西坠?这不是诗人勤奋耕耘的写照吗?

198. 四大家在家的领导们和政府办全体同志都来了。布枫很感激,泪眼旺旺地跟大家握别。

199. 不管决战胜败如何,太原和整个华北都是危如垒卵,个别同志对于这种客观的必然趋势,似乎还没有深刻的认识,被暂时的情况所蒙蔽。

200. 你真是个下里巴人,连这么简单的东西都不知道弄。

答案

181. 分岐（歧）。领街（衔）。

182. 清晰（晰）。浑（混）沌。

183. 手电（令）。

184. 划清（清）。里程牌（碑）。清（qīng）：冷；凉。

185. 不合适（时）宜。乞丐（丐）。丐（miǎn）：遮蔽；看不见。

186. 一杳（沓）。

187. 讨沦（论）。

188. 青棵（稞）。

189. 出走(发)。剑拔弩(弩)张。弩：弩弓。驽：①驽马。②比喻人没有能力。

190. 日上三杆(竿)。松驰(弛)。弛：松懈。

191. 蹉（磋）商。磋：商量讨论。

192. 搬（扳）起。

193. 事不迟疑（宜迟）。焖（闷）热。闷热：指天气热，气压低，湿度大。焖：紧盖锅盖，用微火把食物煮熟或炖熟。

194. 慎（缜）密。历经（沥尽）心血。

195. 巨（剧）增。

196. 水泛（患）。

197. 源（缘）何报（抱）怨。

198. 泪眼旺旺（汪汪）。

199. 危如垒（累）卵。累：堆叠。

200. 下里巴人（糊涂东西）。下里巴人：战国时代楚国的民间歌曲。下里即乡里，巴人指巴蜀的人民，表明做歌曲的人和地方。后来泛指通俗的普及的文学艺术。常跟"阳春白雪"对举。

11

201. 日军过来了，前面是步兵，中间是机械化部队，最后是一大队骑兵，晃晃荡荡地、一点也不在意地朝仗击圈走来。时间过了10分钟、15分钟，却仿佛过了一年，过了一个世纪，人们的心都快跳到嗓子眼了。

202. 青少年时期的孩子对童年会有一种莫名的乡愁，毕竟童年是一生中不再拥有的朴实回忆。年级越大，我越能够享受生活中孤独的滋味，那些时刻反而非常宝贵。

203. 传统的理论和分析框架对发展中国家的垮国公司的解释能力受到质疑，于是一些比较新的观点和分析模型孕育而生。

204. 她开茶馆五年，研究茶道已有八年，自信深得其中三味。

205. 他们向沈阳派遣大量特务，利用政治土匪和日伪残余势力，进行煽动破坏，造谣生事，千万百计阻拦中共接管东北。

206. 蒋介石在他的嫡系胡宗南的陪同下，得意地站在延安的窑洞前，拄着手仗，一身威武的戎装。

207. 毛泽东在陕北被刘戡和钟松的十多个旅穷迫不舍，险象环生之时，他却没有顾忌自己的安全而果断地向刘邓大军发出了大举出击、经略中原的命令。

208. 雨水从屋檐上流下来，淋湿了他的眼睛。看着渐渐远去的两人，他心中的愤怒无处发泻，不由攥紧了拳头，很想冲过去揍他们一顿。

209. 为求活路，处于饥寒交迫的国民党官兵，纷纷向解放军投敌。

210. 此后，粟裕指挥华东野战军在豫东战役歼敌9万，首刨一次战役歼灭敌2个整师的纪录。

211. 尤其是缺乏大仗指挥能力的刘峙，一见军中发生起义，共军又多路向徐州进发，顿时惊恐万分，急令其东西两翼的邱清泉第二兵团和李弥的第十三兵团向徐州收缩，并令黄伯涛第七兵团速向徐州靠拢。

212. 已是隆冬季节，雨雪交加，敌军棉衣被服不足，蒋介石空运来的食品，也时断时续，杯水车薪，解决不了20万人的饥寒问颢。

213. 这几位高级将领互相之间也钩心斗脚,李弥骂邱清泉不该强占大部分空投大米,让他的部队啃树皮、吃麦苗。

214. 抓紧基础建设,增强发展后进。积极与凯通公司协调,并多次向市委、市政府汇报,市委、市政府领导两次召开协调会,就相关问题进行协调。

215. 眼下,淮海地区的黄维已经完蛋,杜聿明指挥的30多万人马也蹦哒不了几天,自己看来要步他的后尘了。

216. "奶奶喜欢吃鱼头。"说着眯缝着眼,用筷子夹起鱼头,用没牙的嘴,津津有味地唆着,不时吐出一块块鱼骨头。

217. 英国大使说他们一向支持国民党政府,英国的军舰至今还在长江口游弋,黑洞洞的炮口瞄着解放军陈地。

218. 人们之所以建立国家,就是因为国家可以保障个人的各项权利,可以为人民谋幸福;否则,国家则不成为国家,只是图有其名而已。

219. 其实,陈独秀少年时期在私塾读书时,就表现得很玩皮而又很聪明。据说,他容易感情冲动,常常为感情所趋使。不惧鬼神、不畏强暴、同情弱者等等这些性格特征,在年少时已有表露。

220. 西汉时期,由于"罢绌百家,独尊儒术"的推广,使得儒家伦理进一步推广,其中的忠孝观也得到了很大程度的发展。

答案

201. 仗（伏）击圈。噪（嗓）子。
202. 年级（纪）。
203. 垮（跨）国。孕育（应运）而生。孕育：怀胎生育，比喻既存的事物中酝酿着新事物。应运：原指应天命（而降生），后指顺应时势。
204. 三味（昧）。三昧：指奥妙，诀窍。
205. 煸（煽）动。千万（方）百计。煽：鼓动。煸：把葱、姜等放在热油里炒，不必太熟。
206. 手仗（杖）。
207. 穷迫（追）不舍。顾忌（及）。
208. 发泻（泄）。撰（攥）紧。攥：握。撰：写作。
209. 投敌（诚）。投诚：(敌人、叛军等)归附。在这里应是国民党官兵向解放军投诚。投敌：投靠敌人。
210. 首刨（创）。
211. 两冀（翼）。黄伯涛（韬）。翼：侧。两翼：两侧。
212. 问颢（题）。颢(hào)：白而发光。
213. 钩心斗脚（角）。
214. 后进（劲）。
215. 蹦哒（跶）。
216. 唆（嗍）着。嗍(suō)：吮吸。唆使。
217. 游戈（弋）。陈（阵）地。
218. 图（徒）有其名。
219. 玩(顽)皮。趋(驱)使。不俱(惧)。
220. 罢绌（黜）百家。

12

221. 蒋介石的招术相继失效，不得不于1月21日被迫宣告"引退"。

222. 蒋介石准备以最后的勇气、最大的能力，凭借长江天堑，不惜任何代价，进行负隅顽抗，保住半壁河山，与共产党划江而治。

223. 只有到了晚上，才能站起来活动活动，肚子饿了，吃点油菜苔和碗豆尖充饥。

224. 万籁俱寂，章尘率大队机关与侦察二连共180多人为第一队，分乘20多艘小船，像利箭刺过长江，直指南岸。

225. 狮子山山高林密，重峦叠嶂，气势雄伟。山顶上有一个清凉寺，四周陡岩绝壁，只有南北两个隘口进步。

226. "紫石英"号舰在弹雨中赶上"江陵解放号"，并强行傍该轮左弦行驶，而将"江陵解放号"作业掩蔽，使这艘从事和平航运的客轮及其数百名乘客处于弹雨交织之下。

227. 随着这个信号，解放军强大炮火同时开始射击，每一门大炮都迸裂出火花，炮弹犹如狂风骤雨一般，飞过江面。

228. 中国人民自愿军雄纠纠、气昂昂，垮过鸭绿江，开赴朝鲜战场。

229. 搜集各个银行等金融机构及各类商家的优惠信息，在网络和朋友圈子中广为传播，这种行为被称为薅羊毛。

230. 《孙子兵法》在国外久富盛名，影响深远。在唐代初期传入日本，被日本皇室贵族推崇为"百世兵家宗师""东方兵学的鼻祖"。18世纪下半页传入法国，叱咤风云的军事家拿破仑对《孙子兵法》评价极高。

231. 国家烟草专卖局出台了一系例的规范性文件。

232. 我呀！出来半天了，才发现自己的手机没带。今天和彭晓华还有个重要的约会呢！

233. 一些不法分子用不符合等级标准的残次烟叶、霉变烟叶甚至藩薯叶、香蕉叶、莲叶等作为伪劣烟草制品原料。

234. 远远超过了"非法经营数额二十万元"的底细，应当认定为情节特别严重。

235. 后来宋国也发生了饥慌，子罕便请示宋平公，要求拿出宫室的粮食借给百姓，让大夫们也都把粮食借出来。

236. 几个月过去了，再见石斌时，他眼睛都抠进去了。看见我诧异又心疼的神情，石斌只是简单地说："你走后，我病了几个月。"

237. 2001年初，公安机关获悉有一辆集装厢卡车将为上述犯罪嫌疑人进货。

238. 纵观世界法制史，宥于当时生产力水平、传统文化、宗教信仰、社会观念等因素，以神意作为裁判的根本方法在当时的社会历史条件下是作为一种法定的裁判方法而存在的，但是从唯物论的角度来说，即使发现了案件的客观真实也实属偶然。

239. 濮在中国民族史上是一个处延可宽可窄的概念。古史凡在楚西南者均谓之濮，因其种落特多，故又称百濮。

240. 彭士愁获得了土家的统治大权之后，为了巩固自己的统治地位，当然要想方设计来割断土家的历史，尽量使土家人民的视线投向江西。

答案

221. 招术（数）。
222. 天垫（堑）。
223. 油菜苔（薹）。碗（豌）豆尖。
224. 万赖（籁）俱寂。
225. 重恋（峦）叠嶂。进步（出）。
226. 左弦（舷）。舷：船、飞机等两侧的边。弦：主要指弓背两端之间系着的绳状物。如"弓弦"。
227. 进（迸）裂。
228. 自（志）愿军。雄纠纠（赳赳）。垮（跨）过。
229. 蓐（薅）羊毛。薅（hāo）：①用手拔草等。②揪。蓐（rù）：草席；草垫子（多指产妇的床铺）。
230. 下半页（叶）。叶：在这里指较长时间的分段。
231. 一系例（列）。
232. 呸（呸）。呸（pēi）：表示唾弃或斥责。吥（bù）：译音用字。如喷吥，柬埔寨地名。
233. 藩（番）薯叶。番薯：甘薯。
234. 底细（线）。
235. 饥慌（荒）。宫（公）室。宫室：古时指房屋，后特指帝王的宫殿。公室：君主之家族；王室。这里当用"公室"。
236. 抠（眍）进去。
237. 集装厢（箱）。箱：①箱子。②像箱子的东西。厢：①厢房。②类似房子隔间的地方。
238. 宥（囿）于。囿（yòu）：局限；拘泥。宥（yòu）：宽恕；原谅。
239. 处（外）延。
240. 想方设计（法）。

13

241.1946 年春，内战一触及发，国民政府在湖南省境内集结了 26 万军队。加之 1945 年湖南大旱，存粮锐减，又有 11 万日本战俘滞留湖南，等待遣送。为了供给这数十万人的粮食，国民政府火急摊派军粮 160 万石。

242. 全文共分五部分，有必要先把几个疑难之点略为铨释，以便逐步把含混莫棱之处一一廓清。

243. 这个族人的"族"到底是指吉州彭姓还是指溪州彭姓？如果是指吉州彭姓，那就矛盾重重，很难自园其说。

244. 吉州彭姓的家谱推到他们直系祖先当官的最早一个，也只能是西汉末年成帝时的彭宣，再往前推，就只能尊重事实，附诸厥如了。"那秦汉"的"秦"就只能是指溪州彭姓的祖先，是依据溪州彭姓的家谱。至于"显官"云云，当然是谀美之词，只不过是说明代代都有自己的头面人物罢了。

245. 这篇铭文对解决土家族的族源问题居功甚伟，读了它，不仅增长了历史见闻，而且可以产生无穷的遐思。

246. 八个少数民族齐声发出的呐感，响彻云宵，地动山摇。

247. 用稻草捆一草把，一人踢起，大家去接，接到的人可以用草把去追打人，打的时候不分辈份大小，但一般是追打年轻姑娘。跳年时青年男女还对唱山歌。而多数妇女则踢鸡毛毽子或荡秋千。

248. 新娘下轿时，一人执白蜡叶丝茅草一束，中夹爆竹，点燃辟拍作响，在新娘面前熏烧一阵，意可驱邪。

249. 尹惟日闻知其中内情，十分震惊，在《报虔院佟公书》中称："兵与贼为一，将与贼为一，而与县官为水火，与百姓为仇储。"他深深感到不能指望守军清剿，而且还要提防守军捣鬼。

250. 唐朝在安史之乱后，形式上虽能维持统一，实际上由于藩镇割据，外族入侵，战乱频扔，加上他们自己的骄奢淫佚，横征暴敛，激起农民起义，终由摇摇欲坠而至土崩瓦解。

251. 郦道元的《水经注》最大的特色是写了各地的社会历史，尤其是包括了珍贵的少数民族的历史，谁读了这本书都不得不赞叹作者读书之丰富，见解之精辟。

252. 四角号码捡字法我不太知道用，平常最喜欢用的是部首捡字法。

253. 他戴着一顶草帽，满脸花白的胡渣，苍老的手拄着锄头，阳光从帽檐、从身后直射过来，仿佛全身被镀了一层金光。

254. 另一方面，机关党的工作在资源和手段上本来就弱，这样也使党务干部在思想行为上容易形成堕性，使工作陷入被形势逼着走、被中心赶着走的被动境地。

255. 本联写于1885年2月。时袁世凯服役于驻朝鲜之部队，办理军务，刚枚平"甲申政变"，因中日角力，政局复杂，未获计功，反遭排击，故以省母疾乞假回归，并与奉诏赴朝鲜办理善后之吴大澄一道回国。

256. 主要表现是认为"比上不足，比下有余"，自我满足，自我安慰。要破除这种思想，树立忧患意思，增强不进则退、慢进也是退的责任感和紧迫感。

257. 许多年轻技术人员耳濡目染，受到好的影响和锻炼，申请岗位成才、在职升造的多了，申请入党的多了。

258. 纪连海，自诩长得像北京猿人的历史老师，自从上了央视的《百家讲坛》后，火了。还被媒体灌以"电视史上最丑名人"的称号。

259. 1844年7月和8月，美国和法国乘火打劫，效仿英国，先后威逼清政府签订了中美《望厦条约》和中法《黄埔条约》，除割地、赔款之外，还与英国享有同样的特权。

260. 君子待人接物，有礼有节有温度，走进他们，一股温和、友好的气息会让人如沐春风，心生亲切。

答案

241. 一触及（即）发。
242. 铨（诠）释。莫（模）棱。诠：诠释。铨：①选拔。如铨叙，指旧时政府审查官员的资历，确定级别、职位。②称量轻重。
243. 自园（圆）其说。
244. 附（付）诸厥（阙）如。谀（谀）美之词。谀：谄媚；奉承。
245. 无究（穷）。
246. 呐感（喊）。云宵（霄）。宵：夜。霄：云；天空。
247. 辈份（分）。犍（毽）子。犍(jiān)：指犍牛。毽：毽子。
248. 辟拍（噼啪）。
249. 仇储（雠）。仇雠(chóu)：仇敌。
250. 频扔（仍）。淫佚（逸）。
251. 精癖（辟）。辟：透彻。
252. 捡（检）字法。捡（检）字法。
253. 胡渣（茬）。茬：农作物收割后残留在地里的根茎。也指没有剃净或剃后复生的须发的根。渣：①渣滓。②碎屑。
254. 堕（惰）性。惰：懒。堕：掉；落。
255. 枚(敉)平。排击（挤）。敉(mǐ)：安抚；安定。

256. 意思（识）。
257. 升（深）造。
258. 灌（冠）以。
259. 乘（趁）火打劫。
260. 走进（近）。

14

261. 谭姐拿起杯子，轻轻掇了口咖啡，说："今生今世都不可能看见这么美好的事情了！"

262. 正是军队的这种精神力量，这种像从矿石中提炼出来的闪闪发光的优秀品质，促成了多少伟大事业。

263. 指挥珍珠港偷袭的是日本海军大将三本五十六。美国人没有接受中国方面的警告，吃了大亏，对三本当然恨之入骨，必欲将其一朝擒杀之。

264.《周礼》有云：公室视丰碑，三家视桓楹。所谓"公室视丰碑"，就是公室成员死后，要用大木立于墓塘的四周，上设辘轳，用以下棺于塘。该规格本来为天子之制，后来诸侯也僭用之。

265. 31合同段是常吉高速公路条件最艰苦、施工最不便的标段，这里远离集镇，物质溃乏。但自然环境的艰苦没有吓倒不信邪的人们。

266. 衰时，"一夫作难而七庙堕"；盛极之时，全世界任其蹂躏。

267. 6月7日，交通运输部公路司司长戴东昌、四川省交通厅总工程师陈乐生一行到震区开展灾后评估途径湖南交通抢险队住地时，亲切慰问了抢险队员，并送来了慰问品。

268. 为保证工作的顺利进行，各部门要定期召开联系会议，加强与相关部门的沟通协调。

269. 清代民间贫民殁无棺柩，葬无坟地，乃至曝尸荒野的现象甚为普遍。不仅官方设有漏泽园，民间一些有善心的绅士，也纷纷出钱购地或是直接捐助土地设置义冢义山，以安魂魄。

270. 1934年，中央苏区红军实行战略转移，留下陈毅等人继续坚持赣南游记战，条件异常艰苦。靠山吃山，在山里采野果，打野猪，挖马蜂窝。挖蜂窝时，用竹篾背兜护着头脸，把蜂窝一烧，马蜂飞走，把幼虫挖出来，在锅里一炒，跟蚕蛹一样香脆，做汤吃，白得像牛奶。

271. 随者，附和、顺也；从者，源头、始也。一字之间，意境不一样。从心所欲，是要我们任何时候面对任何事物起心动念都是自己内心的真实反映,而不必去伪装或迎和,或遮掩或隐晦,即儒学朱理所倡导的明心见性。

272. 修道士们更多地将其付诸于行动。欲望是罪恶的,为了灵魂拥有终极的"清净",身体必须接受"灭欲"的惩罚。

273. 教书先生见他贴肉穿着一件小孩才穿的卦子,正欲取笑,猛然一见卦子上绣的那只"回头鹅":"王兄,这是何人所绣?"王秀才既羞又窘,忙脱下卦子,说:"是我娘子绣的。"

274. 其三弟曾国荃在巡抚任上,因家中客人和子孙增多,旧屋不够用。其九弟新建一屋,花费三千串钱。曾听后大怒,逐弛书责骂九弟曰:"新屋搬进容易搬出难,吾此生誓不住新屋!"此后,终其一生未进新屋一步,病故时,仍在两江总督住所。

275. 而在心底,柯蓝对爷爷是有一份愧疚的,她为自己起了一个艺名"柯蓝",从此她不再是钟好好,对人她也决口不提自己是钟期光的孙女。

276. "石三盛"的顾客多为贫民百姓。虽为饭铺,但炒菜亦颇有名。如炸田鸡腿、溜虾仁、炒鸡杂等,为下层人民津津乐道。

277. 雨越下越大,天好像要踢下来,我又跑过去送伞,哥哥把伞丢了。我没法,就请保安劝劝哥哥,哥哥却像一尊神,丝毫不动。

278. 当马晓天已经是广州空军参谋长的时候,马晓天又一次上了电视。他在第二届珠海航空展览会上,以将军之身,驾驶苏—30飞机,遨翔于祖国的蓝天白云之间,潇洒的飞行动作仍然是英姿不减当年。

279. 在胡志强的铁腕治理下,台中市犯罪率降低了六层。

280. 下个星期也活该你休假了,辛苦了一个多月,没日没夜地加班,为新产品的上限付出了不少努力。

答案

261. 掇（啜）。
262. 提练（炼）。
263. 三（山）本。三（山）本。恨之如（入）骨。
264. 墓塘(圹)。轳辘(辘轳)。塘(圹)。圹（kuàng）：这里指墓穴。
265. 物质（资）溃（匮）乏。
266. 七庙堕（隳）。隳（huī）：毁坏。
267. 途径（经）。住（驻）地。
268. 联系（席）会议。
269. 曝（暴）尸。
270. 游记（击）战。竹蔑（篾）背苑（箢）。
271. 迎和（合）。
272. 付诸于（去掉"于"）。
273. 卦（褂）子。
274. 弛（驰）书。
275. 决（绝）口。
276. 溜（熘）虾仁。
277. 蹋（塌）下来。塌：倒下或陷下。蹋：踩；踏。
278. 遨（翱）翔。遨：游玩。如"遨游"。翱：展翅飞。
279. 六层（成）。
280. 活（合）该。合该：理应；应该。活该：表示应该这样，一点也不委屈。
上限（线）。

15

281. 因为酒中除乙醛（即酒精）、甲醇等外，都对人体有害。但它们的沸点很低，当加热到摄氏二三十度时便挥发了，从而减少了对人体的危害。

282. 邓丽君，一个用声音打动无数灵魂的"百灵鸟"，已离开我们14年之久。单身离开我们的邓丽君，身前错过了五次当新娘的机会。

283 未料几年后，林振发突然传出心脏病猝发逝于新加坡，当时他不过30多岁。当时邓丽君伤心地哭倒在墓碑前，久久不能自己。

284. 1926年4月24日，《京报》社长邵飘萍被捕，两天后在天桥惨遭杀害。5月12日，林白水顶着杀头的风险，在《社会日报》头版发表文章，为邵飘萍鸣不平。林白水的时评使直奉军阀及其不爽，杀机就此伏下。

285. 众所周知，在德国历史上，普鲁士部队向来以纪律严明、教育素质高着称，尤其是腓特烈二世（即腓特烈大帝）以骄勇善战着称。他在1740年继承王位，即位7个月之后即进攻西里西亚，从而引发奥地利王位继承战争。

286. 随着清政权的逐步稳固，康熙后期，地方官吏贪腐之风日盛。当时，清朝施行低俸禄制，正一品官年俸180两，七品知县一年才45两俸银。于是，官僚本性加上奉禄过低，导致了官员们大肆贪污。

287. 刘蕙仪第一年担任助理检查官时，就被任命于起诉"虐待儿童案件"的部门，并成为第一个负责起诉互联网色情和性犯罪案件的助理地区检查官。

288. 小学低年级的时候，女同学最常见的体育活动就是跳绳、跳橡皮筋、踢鸡毛键子。我们男同学最常见的体育活动就是撩开裤子尿尿追人，把尿往别人身上撒。

289. 然后你再去百兴，看一看客房和晚餐准备得怎么样，菜单和卓卡做了没有，还有试一试水笼头，别再出什么问题了。

290. 吓坏了吧？算我自做多情了，没想到你人长得高高大大的，胆子却那么小。

291. 敌船已步步靠拢决川号。危机时刻，谭延闿推开副官，说："不中用的家伙，把枪给我。"说着便夺过副官手中的驳壳枪，凭窗射击，弹无虚发，把攀上船舷栏杆的敌兵打落水中。

292. 周阳脑子快速转动起来,揣测着他的心思,知道他一直掂记自己这个位置。

293. 周阳说那敢那敢,心里十分受用,和这种聪明的女人交往,每个毛孔都觉得无不熨帖,而且其中还夹杂着一丝怀旧的情感。

294. 一股巨大的受人关怀的温热暖流袭卷了他的全身,他不由自主地站起来,把手伸向她。

295. 周阳觉得姓马的真是老奸巨滑,不见兔子不撒鹰,便问白晶晚宴她去不去。

296. 周阳把工程方面的工作都交给了金大申,自己抽出身来搞典基仪式的准备工作。

297. 这种心态,来自历炼,来自陈酿,来自等待,来自宽容;而享受它的,除了他人,更是自己。

298. 胳膊扭不过大腿,见了屋檐低低头就算了,大丈夫能曲能伸嘛!我看祁文想得对,人家想整你,查出点问题还不容易?

299. 办公室里的布置也别出心裁,浓浓的文化氛围张显着贺东的文化底蕴,贺东的管理思路也或多或少地在言语中传递,我们一行有些留连忘返。

300. 程子卿生于1885年,江苏镇江人,米店学徒出生,少年时曾经读过三年私塾。因其臂力过人,与当时上海青红帮头目黄金荣曾经是拜把兄弟。

答案

281. 乙醛（醇）。

282. 身（生）前。

283. 不能自己（已）。

284. 及（极）其不爽。

285. 着（著）称。骄（骁）勇善战。着（著）称。骁（xiāo）：勇猛。

286. 奉（俸）禄。

287. 检查（察）官。检查（察）官。

288. 橡皮筋（筋）。键（毽）子。筯："箸"的异体字。筷子。

289. 卓（桌）卡。水笼（龙）头。

290. 自做（作）多情。

291. 危机（急）。

292. 掂（惦）记。惦：挂念。掂：用手托着东西上下晃动来估量轻重。

293. 那（哪）敢那（哪）敢。

294. 袭（席）卷。

295. 老奸巨滑（猾）。撤（撒）鹰。

296. 典（奠）基。

297. 历炼（练）。

298. 能曲（屈）能伸。

299. 张（彰）显。留（流）连忘返。

300. 出生（身）。臂（膂）力。膂（lǚ）力：体力。这里指体力过人。臂力：臂部的力量。

16

301. 深秋的夜里，我从梦中醒来，窗外传来枯叶落地的嗽嗽声，今夜又有多少落叶在秋风中呻吟？

302. 皇天厚土，铸就了亘古的辉煌；根祖文化，孕育了人类的文明。

303. 所谓"最大多数人的最大幸福"归根到底只是个人的最大利益，"大多数的好行为不是要利益世界，不过要利益个人"。因而，资产阶级功利主义在本质上仍然没有跳出利己主义的巢臼。

304. 在市场经济条件下，一些人夸大商品生产"为己性"的特性，而忽视商品生产"为他性"的特性，并且错误地将市场经济中的等价交换原则移置到最需体现人间温暖和最需道德滋润的日常生活中，从而"拔一毛利天下而不为"的现象比比皆是。

305. 家里太简漏了，请不要介意。

306. 大山里蛇也特别多，每天夏天各种蛇都出来了。在山间行走，到处可以碰到它们。有时蛇在夜晚不请自来，悄悄地溜进民工的被子里，与人同睡。

307. 隐隐听到微风送来清朗的乐声，飘散充溢在四周几倾竹林之中。远远看到篝火闪烁明亮，照亮了秋水如镜的湖面。

308. 404号房间死一样寂静，唯有墙上的时钟在"的达的达"指向午夜12点。

309. 引水隧洞，按岩层的坚硬程度悃扎钢筋，合理使用材料。前池墙壁，把原设计钢筋混泥土浇筑，改为就地取材，用石料衬沏。

310. 1998年，西关、安造浣溃决，损失更为惨重。

311. 遇到天干地旱年间，有田插不上秧或禾苗干死田间，粮食减产或者颗粒无收，农民欲哭无泪。

312. 例如1954年7月的一次山洪袭击，全县冲垮水坝799处、山圹74口、小水库3坐，冲失大批粮食和农具、家具，淹死58人、受伤11人，冲失耕牛和家兽157头。

313. 到2010年，洪江区连续保持35年无大的传染病暴发与流行，结核病、地方病也得到有效控制，近二十年未发现骨髓灰质炎病毒病例。

314. 拍《射雕英雄传》，他不幸遭遇车祸严重毁容，在所有人都以为他的演绎之路从此嘎然而止的时候，他又坚强地站了起来。

315. 尽管郑俊怀的出狱为挪用公款案画上了句号，但业界对此案一直颇有微词，不少人认为这是郑实施股票期权激励的一种方式，他本人并未存有贪恋。他们认为郑俊怀出事是因为他把伊利看成自己的孩子，所以才擅自挪用公款进行股权买卖。

316. 我国的教育督导已经形成了督政、督学相结合的中国特色，兼负着监督、指导教育部门和学校的重任。

317. 由于县、乡财政困难，每年财政收入只能保吃饭，至使学校公用经费严重不足，对学校教育教学设备的投入很少。

318. 在政教处、团委会、政治组的具体指导下，同学们深入农村、街道、企业、市场，写出了一份份很有建地、很有份量的报告，充分显示了当代青年学生所具有的思想深度。

319. 也许我想试试乘树叶船漂流是什么滋味；也许我想结一张网，不网蚊子苍蝇，只网清早的露珠；也许我也想找个蜗牛聊天，像蚂蚁那样用脚仔细仗量每一寸土地，寻找大地的秘密……

320. 民办教育在规范中发展状大，目前已有126个民办教育机构，在校学生28600多人，一个幼儿教育和职业教育以公办示范、民办为主的办学格局已经形成。

答案

301. 嗽嗽（簌簌）。簌（sù）簌：这里形容风吹叶子的声音。嗽（sòu）：咳嗽。

302. 皇天厚（后）土。后土：对大地的尊称。亦泛指土地、泥土。厚土：指覆土厚。

303. 归根到厎（底）。厎（dǐ）：①质地细腻的磨刀石。②磨砺。巢（窠）臼。

304. 移置（植）到。

305. 简漏（陋）。

306. 每天（年）夏天。

307. 几倾（顷）。顷：这里指地积单位，1顷等于100亩。

308. 的达的达（嘀嗒嘀嗒）。

309. 悃（捆）扎。悃（kǔn）：真心诚意。如"悃愊"，至诚的意思。混泥（凝）土。衬沏（砌）。

310. 安造浣（垸）。垸：垸子。浣：洗。

311. 天干地早（旱）。

312. 山圹（塘）。3坐（座）。家兽（畜）。

313. 骨（脊）髓灰质炎。

314. 演绎（艺）。嘎（戛）然而止。

315. 贪恋（念）。

316. 兼（肩）负。

317. 至（致）使。

318. 建（见）地。份（分）量。

319. 仗（丈）量。丈量：用步弓、皮尺等量土地面积或距离。

320. 状（壮）大。

17

321. 这么多年起起伏伏，有很多做得不够好的地方，但吃一蜇长一智，现在对各方面都有严格的把关，往后肯定会有更大的发展。

322. 在基迪岛上的浓酸密林中，在所有生物的体内，包括植物的根茎，动物的内脏，都流淌着致命的腐蚀巨毒。

323. 它不利于青少年完美人格的形成，应没法逐步解决男女教师比例失调的问题。

324. 现在表面上好像拆掉了乡镇联校，而实际上是在原袭原乡镇联校管理模式运作，长久如此，将会出现新的矛盾。

325. 通常说事无具细，但法律文献却需要事有具细，这样才能保证法律在人们心目中的庄严和权威。

326. 他现在病在床上，只有姓徐的在招抚他，孙九蛮子带人打李家大院去了。天赐良机，你还不快去端锅！

327. 换个角度天地宽，心也会延伸变宽，一个人会变得更具理心和同情心。

328. 有一个富家子弟，整天游手好闲，好吃懒做。有一天，他到了一个地方，里面金碧辉煌，鹦歌燕舞，吃的是山珍海味，用的是金银玉器。

329. 我已经习惯了，干嘛还要那么费神搬到田里去？

330. 曾经有人说过，达·芬奇如果只专著于绘画，那么他的成就就不止画出了一个永恒微笑的《蒙娜丽莎》。

331. 环境如同一双无形的浆，在我们的心湖上划出涟漪，翻腾起浪潮，在一点一滴中改变着我们。

332. 驴子觉得还不够，为使主人更加喜欢它，它居然爬在主人身上去添他的脸，把主人吓得够呛。

333. 寺院钟声煌煌敲响，此起彼伏，悠远亘长。

334. 既然老祖召唤，你便随我去后山靓见。但老夫事先提醒道友，有些事已经注定便莫要强求，否则有害无益。

335. 车夫前脚才踏进城，一声鼓馨的巨响宛如从天而降，震耳欲聋。

336. 法师，我认得你，二十年前的长安，下官亦曾聆听大师开坛讲法。据说那时京兆尹有意让你主持一座寺庙，你却加以婉拒，远赴天竺。

337. 洛阳净土寺，道场内人头簇动，师兄们齐声颂读经文；蜀地长河，凉风袭人，二哥长捷握着他的手，一一惜别。

338. 每一次，幼小的他都泪汪汪地站在破败的土屋前，眼睁睁地看着哥哥们收拾好行李，抚抚他的头，摇头叹息，然后颤颤而行。

339. 生活歌是指人们在日常生活中所产生的歌谣。它包含的内容很广，人们的饮食起居、喜怒哀乐均可入歌。如："孤单只有我孤单，孤单日子实在难。灶前无人烧把火，灶后无人筜米汤。"

340. 我们来玩玩简单有趣的找岔小游戏，在图片中找出不同的地方，挑战一下我们的速度有多快。

答案

321. 吃一蜇（堑）。

322. 巨（剧）毒。

323. 没（设）法。

324. 拆（撤）掉。原（沿）袭。

325. 事无具(巨)细。事有具(巨)细。

326. 招抚（呼）。

327. 理心（性）。

328. 鹦（莺）歌燕舞。

329. 干嘛（吗）。

330. 专著（注）。

331. 浆（桨）。

332. 爬（趴）在。添（舔）。

333. 煌煌（锽锽）。锽锽：形容大而和谐的钟鼓声。煌煌：形容明亮。

334. 靓（觐）见。觐：朝见（君主）；朝拜（圣地）。靓：漂亮；好看。

335. 鼓謦（磬）。磬：打击乐器。謦（qǐng）：咳嗽声。

336. 主（住）持。

337. 簇(攒)动。颂(诵)读。一一（依依）惜别。攒动：拥挤着移动。

338. 踬踬（踽踽）而行。踽（jǔ）踽：形容一个人走路孤零零的样子。踬（zhì）：①被东西绊倒。如"颠踬"。②比喻事情不顺利；失败。

339. 筚（滗）米汤。滗（bì）：挡着渣滓或泡着的东西，把液体倒出。筚（bì）：用荆条、竹子等编成的篱笆或其他遮拦物。

340. 找岔（茬）。

18

341. 我要突破现有的桎梏，我要宣讲最精准的佛法。

342. 耳畔是一片嘈杂的鸟兽叫声，他眼睁睁看着小白一点点萎顿，眼神寸寸黯淡慵懒，一颗心就像那灯芯的残油，前熬得焦干如裂。

343. 螺丝粉作为柳州第一原创小吃，位居柳州风味小吃之首，闻名遐迩，中国独一无二。

344. 风声中带有阴笑，水声里含着凄测，琴声不知什么时候停了，那弹琴的人想必也累了，倦了，歇息了吧。

345. 太多的人，需要在宣嚣与繁闹中证明自己；又有几人，能在孤独与寂廖中获得真我？

346. 对传统主义者来说，婚姻与传种接代是儒家家庭秩序的核心。

347. 尘世的亲情仿若隔世，他自得其乐，不希望有人扰乱自己的孤僻。

348. 现在，洪水正向九江市区蔓延，市区内满街都是人，靠近决提口的市民被迫向楼房转移。

349. 他生于渠江岸边，南下嘉陵江求学于重庆，漂洋过海又留学塞纳河畔，转战黄河，建设长江，真是一生与水结下了不解之源。

350. 英国都铎王朝时期（1486—1603），盛行一种叫作"斗牛"或"斗熊"的运动，人们把牛或熊栓在一个木桩上，观看它们与群狗搏斗，以此娱乐。牛在攻击对手的时候，往往都是往前冲，用角抵对方，把对手抛高。而熊则相反，往往熊掌朝下，或者身子下倾去攻击对手。这两种动物攻击对手的方势，恰与股票的走势类似，因此，人们把行情持续上升称为"牛市"，把行情持续下跌称为"熊市"。

351. 其间有一条南北方向的河川谷地，东侧是起伏的山峦，居高临下；西面是20多米宽的九龙江，江的西面又是大山。

352. 在通道县，除有关职能部门外，每年都要从县直各局机关抽掉大批干部下乡扶贫，这种用行政性工作方法去从事扶贫经济工作的举措，在商品经济的环境中是很难适应的。

353. 土楼成了百姓自救的首选。蔡氏两派子孙认为，先祖兄弟二人同气连枝共同创业的精神不能忘，先祖的创业艰辛要常记。面对匪患，当发挥先祖遗风，同修土楼，形成掎角，共御匪患。决议得到全体族人的一致赞成。议定之后，两家分头鸠工庀材，日夜加班，仅一年多的时间就宣告竣工，分别命名为"吉阳楼""吉水楼"。

354. 我就在门口站着，想再练一遍台词，总觉得还有点生梳。

355. 我不知道自己是不是魔症了，总是神思恍惚，一想起他的种种，就毫无来由的心灰意冷，不想出门。

356. 其间，尤先科还和一些养蜂人坐下来，用英语聊起了养蜂要看哪些书、买什么工具、怎样制造蜂腊，店员都为乌克兰总统养蜂知识之博学惊讶得直掉眼珠。

357. 蔡勇探知内暮，即告知李总防备，并四出活动，以预防万一。

358. 语言教师应持一种科研的态度来对待自己的日常教学活动，积极研究自己的课堂教学实现，使教学与理论研究融为一体。

359. 对日本政府采取公事公办的原则，该批评的还是要批评，有共同利益的方面就合作，没有共同利益的问题上不必牵就日本政府。

360. 已有动脉硬化和血管狭窄人群如果饮红葡萄酒过多，一者不利于供血机能，二者酒精本身会升高血脂和促进动脉硬化。

答案

341. 桎固（梏）。桎梏（gù）：脚镣和手铐，比喻束缚人或事物的东西。

342. 萎（委）顿。前（煎）熬。委：这里指无精打采，不振作。

343. 螺丝（蛳）粉。螺蛳：淡水螺的通称。螺丝：螺钉。

344. 凄测（恻）。

345. 宣（喧）嚣。寂廖（寥）。

346. 传种（宗）接代。

347. 仿（恍）若隔世。

348. 蔓（漫）延。漫延：水向周围扩展。蔓延：像蔓草一样向周围扩展。决提（堤）。

349. 不解之源（缘）。

350. 栓（拴）在。方势（式）。

351. 南北方（走）向。走向：山脉等延伸的方向。山恋（峦）。

352. 抽掉（调）。

353. 掎（犄）角。鸠（鸠）工庀材。

354. 练（念）一遍。生梳（疏）。

355. 魔症（怔）。

356. 蜂腊（蜡）。直掉（瞪）眼珠。蜂蜡：蜜蜂腹部的蜡腺分泌的蜡质。

357. 内暮（幕）。四出（处）。

358. 实现（践）。

359. 牵（迁）就。

360. 一者（则）。二者（则）。

19

361. 中医学认为,经常打嗑睡表示脾胃功能不好,当脾胃功能差,体质又湿热时,往往无法有效化解湿气,会出现精神不振、想睡觉或胸闷的感觉。

362. 抒缓的音乐让人放松,心情平和,有助入睡。

363. 自由暝想 10 分钟,做全身肌肉放松训练,然后用一根绳吊一个圆型饰品,让它像钟摆一样摇晃。

364. 一路上,她看见所有人都那样快乐,心中不仅又增添了自卑的阴影。

365. 应根棍个人的性别、年龄、健康状况,按科学方法进行锻炼,以取得最佳的锻炼效果。

366. 于是他名声大震,被授于巴黎科学院院士头衔。

367. 小时候跑到山上,选取手指头粗的分叉树枝,用柴刀砍下来,系上从病房里捡来的废弃的吸氧管,做成弹弓,打麻雀。

368. 芃文佛典起初是写在贝多罗树叶上的,故又称"贝叶经"。它不仅是印度的古典语言,也是佛教的经典语言。

369. 一些单位将其承包的工程压价转包给他人,从中牟取不正当利益,形成层层转包、层层拔皮的现象。

370. 光是这份给皇上的进供计划,普天下那么多的州府官员,谁能考虑得像他这样细致周到?

371. 原名梁帼馨的狄娜,出身于书香世家,父亲梁锡洪是大学教授,狄娜自小好学,博文强记。

372. 开拍时她甚至将全部片酬买了一只镶满宝石的马儿摆件,配上"马到成功"的牌扁送给李翰祥,结果换来"义气搏儿戏"的美谈。

373. 犹如晴天霹雷,新娘被炸蒙了,眼泪趟得泉水似的,好在有爱人在身边。

374. 关、黄大战,两人都不忍心杀死对手,先是关羽见黄忠马失前蹄,放黄忠回城;后是黄忠连放两次空剑,第三剑只射下关羽的盔缨。

375. 美国女子席拉由于先天疾病,天生没有双臂,而她却在 23 岁时考取了驾照。

如今，习武三载的她不仅能用牙齿咬住双节棍表演，还能轻松踢断木板。

376.她平时很注意孩子的保暖，又没让孩子吃啥良性食物，孩子是怎么受凉的呢？

377. 根据《地方组织法》和《选举法》的规定,采取差额选举和不计名投票方式，民主选举产生市人民代表大会常务委员会。

378.《感动中国优秀楷模巡礼·像他们一样：敬业、爱岗、奉献》以敬业、爱岗、奉献为主题，总结了各行各业优秀楷模的杰出事迹，节取了他们的精彩语录，并结合当下时代特征书写了具有针对性的感言，是个人学习的榜样、规划职业生涯的范本。

379.如今十万红军压境，在后面追缴的国民党中央军，始终与之保持着一定的距离，老蒋明摆着是要"借刀杀人"，打一石二鸟的算盘。

380.科学家研究了蝙蝠飞行的秘密，从中得到启事，拒此发明了雷达。可以说，蝙蝠是人类的老师。

361. 嗑（瞌）睡。

362. 抒（舒）缓。

363. 瞑（冥）想。圆型（形）。

364. 不仅（禁）。

365. 根椐（据）。椐（jū）：古书上说的一种小树，枝节肿大，可以做拐杖。

366. 名声大震（振）。授于（予）。

367. 分叉（杈）树。杈：杈子。植物的分枝。

368. 芃（梵）文。梵文：古印度书面语。芃（péng）：草茂盛的样子。

369. 拔（扒）皮。

370. 进供（贡）。

371. 出身（生）。博文（闻）强记。

372. 牌扁（匾）。义气搏（博）儿戏。

373. 晴天霹雷（雳）。趟（淌）得。

374. 空剑（箭）。第三剑（箭）。箭：古代兵器，搭在弓弩上发射。这里是射箭，不是射"剑"。

375. 双节（截）棍。截：这里是段的意思。节：有时候用于分段的事物或文章。如上了一节课、两节甘蔗。

376. 良（凉）性食物。

377. 不计（记）名。

378. 节（截）取。搒（榜）样。搒：摇橹使船前进；划船。

379. 追缴（剿）。

380. 启事（示）。拒（据）此。

20

381. 在《姐姐立正向前走》中，由鲍逸琳饰演的卓制作简直是现代职场女上司中的势力眼典型——整体不坏，但有点小狭隘、小腹黑，一逮住机会就极进挖苦打压之能事，尽显小人得志的本色。

382. 市委书记要坚持参加人武部办公会议，市委、市政府主要领导要帮助人武部疏理各方面关系，每年至少召开两次议军会议。

383. 出狱后，他致力创作以发泄愤世疾俗之情，精神虽已复常态，但"愤益深，佯狂益甚"，悲愤填膺，难以自遣，因而落柘不羁，纵酒狂歌。

384. 老爹，如果我回来没看见它们的话，你的咯吱窝就要遭殃了。

385. 不要再以一时开心的假象自欺欺人，开心过后的失落，不知所踪。

386. 肖丽刚打开房门就闻到一股酒气，立刻扳起面孔，冷冷望了一眼屋里的几个人，不发一言，转身出门而去。

387. 触发的也许是一片羽毛，宛如密西西比河的蝴蝶煽动翅膀；发生的却好像墨西哥湾的海啸。

388. 西医治胆病多是切除胆囊，那样毕竟损了一副脏器。中医讲究辨证施治。你的胆、胃湿滞引起胆区隐痛，又有肝火引起两胁阵痛。

389. 小组赛中，加纳队一胜一平，仅1球惜败给德国队，以小组第二名出现，在16强对阵美国队。

390. 赛场上，她们是使劲浑身解数相互争斗的对手；生活中，她们又是无话不谈的好姐妹。

391. 因胡兰畦面容姣好，四川军阀杨森曾想纳她为妾，遭到拒绝。

392. 宋子文当了财政部长、行政院长后，为了平息物价，稳定货币，大量抛售黄金外汇。

393. 在商品经济发达的年代，有些年轻时的记忆变得模糊、馄饨。也许，怀旧能唤起纯真的岁月，还有泪流满面的情感……

394. 焦盐虾很辣，确实张也的最爱。

395. 虽然她没有精确地统计过这个数字，但初略估计，这个比例不会低于70%。

396. 吴冠中先生身上更加煜煜生辉的，是他晚年对公共事务敢怒敢言中所体现的知识分子应有的道义、责任、担当与批判精神。

397. 2007年3月12日开始，《金鹰报》启动大型文化之旅《印象湘江》，这次大型活动持续了数月才完美收关。

398. 北满的抗连各部队，失去了与地方党和群众的联系，只能依靠深山密林坚持斗争。

399. 停泊在港弯中的皇家游轮"不列颠尼亚"号和临近大厦上悬挂的巨幅紫金花图案，恰好构成这个"日落仪式"的背景。

400. 小王城是藩王亲属居住区，建有宫阁、火药局、文昌阁等。外城为商贸官署和居民区，有四大街、七小巷，商贸归行入市，分街经营。

答案

381. 势力（利）眼。极进（尽）。
382. 疏（梳）理。
383. 愤世疾(嫉)俗。落柘(拓)不羁。落拓（tuò）：①潦倒失意。②豪迈，不拘束。柘（zhè）：落叶灌木或小乔木。
384. 咯吱（胳肢）窝。
385. 不知所踪（终）。指不知道结局或下落。终：最后。
386. 扳（板）起面孔。
387. 煽（扇）动。
388. 赃（脏）器。
389. 出现（线）。
390. 使劲（尽）。
391. 皎（姣）好。姣：相貌美。皎：白而亮。
392. 平息（稳）物价。
393. 馄饨（混沌）。
394. 焦（椒）盐虾。确实（却是）。
395. 初（粗）略。
396. 煜煜（熠熠）生辉。熠熠：形容闪光发亮。煜：照耀。
397. 收关（官）。
398. 抗连（联）。抗联即东北抗日联军，是在抗战时期中国共产党领导的一支抗日部队。
399. 港弯（湾）。临（邻）近。巨幅（幅）。悃（bì）：至诚，诚恳。紫金（荆）花。紫荆花是香港的市花。南京有座紫金山。当是读音相近致误。
400. 官暑（署）。

21

401. 然后募兵的官员，带着这伙新兵蛋子上路，不曾想途中遭遇了强盗，这时候刘备大喊一声：吾乃刘备刘玄德是也，谁敢与我决一死战……
402. 赵妈妈说话的语气很快，看得出来，她心里满是焦急，却又因儿子感到骄傲。
403. 不仅唐·金会背诵毛主席语录，泰森胳臂上更是纹有毛泽东的头像。
404. 而登高远眺，"看万山红遍，层林尽染"，饱览秋日美景和硕硕果实，定会心旷神怡。
405. 2005年，巴西爆出"红包丑闻"，有人指责卢拉政府通过贿赂来获得支持，这让卢拉身边的几元大将纷纷落马，劳工党形象大受影响。
406. 而与记者的几句交谈也让人觉得，这位湖南音乐届泰斗级的人物并没有什么大腕架子，平易近人。
407. 他们经过了洗礼，觉悟，脱变，从追寻自己的个人梦想，到最终获得那个年代应有的光荣梦想。
408. 据说，体操奥运冠军杨威曾于2006年4月到华中科技大学报道，攻读公共管理学硕士学位，并亲自种下一棵"冠军树"。
409. 部队给刘远镇在长沙安排了待遇优厚的工作，刘远镇拒绝了，他坚持复原回到家乡保靖，在县文化馆担任美术专干。
410. 香锦听翠莹说得戏虐，瞟了她一眼。
411. 卓玉辰便掺着华岫往路口上走，一路上两人跌跌撞撞。
412. 他的这种做法，使我想起秦桧杀岳飞的故事，简直就是欲加之罪，何患无词。他究竟助涨了谁的威风？
413. 她只好又取了一把伞，还拿了一件雨披，跟跄着出了红绡楼。
414. 卓玉辰拗她不过，只好将她放在厅角的软榻上。
415. 我爹说我们没有真凭实据，只靠猜测就缕缕插手。
416. 姜奎虽然贪婪狡诈，但是却对他的夫人敬爱有佳。
417. 我从她的眼神里读懂了倔强，我心疼她，答应再去看她，我们拉过勾的。

418. 直到现在，仍有记者问范冰冰："当年指示别人陷害你的人是谁？"范冰冰总是抱之一笑，然后说："我知道她是谁，但我不必说出来，希望她明白就好。"

419. 事情已经发生，你再责怪他也无忌于事，还不如坐下来商量商量接下来该怎么办。

420. 没办法啊，毕竟已经有了一个很好的平台，没有理由离开它再重头做起。

答案

401. 不曾（承）想。
402. 语气（速）。
403. 纹（文）有。
404. 硕硕（累累）。心旷神恰（怡）。
405. 几元（员）大将。
406. 音乐届（界）。界：指职业、工作或性别等相同的一些社会成员的总体。届：到（时候）。
407. 脱（蜕）变。
408. 报道（到）。报到：向组织报告自己已经来到。报道：①通过报纸、杂志、广播、电视等形式把新闻告诉群众。②用书面或广播、电视等形式发表的新闻稿。
409. 复原（员）。
410. 戏虐(谑)。膘(瞟)了。瞟(piǎo)：斜着眼睛看。膘(biāo)：肥肉。
411. 掺（搀）着。搀：搀扶。掺：把一种东西混合到另一种东西里面去。
412. 助涨（长）。
413. 跟（踉）跄。
414. 软塌（榻）。
415. 缕缕（屡屡）插手。屡屡:屡次。缕缕：形容一条一条，连续不断。
416. 敬爱有佳（加）。
417. 拉过勾（钩）。
418. 指示（使）。抱（报）之一笑。
419. 无忌（济）于事。
420. 重（从）头做起。

22

421. 我只是一届书生，也许我的文章让人解气，但除此以外又有什么呢？

422. 用铁锅在煤炉上煮饭，确实有点考手艺，火候没控制得好，要么煮成夹生饭，要么饭就烧糊了。

423. 1981年从部队转业到地方工作之后，杨炳南历任湖南省美术出版社、湖南省新闻图片出版社社长等职。

424. 令吴京印象深刻的是与吴镇宇对打的那场戏，为了真实表现杀手凶狠，吴京被吴镇宇一脚揣休克了。

425. 等待小火车经过，啼听钢铁的铿锵，汽笛的长鸣，然后慌乱地看着小火车消失在视线的尽头。

426. 在我看来，他就那样，保持一种基本的美，那动作虽然是生命最后的挣扎，但仍然好看，犹如一种舞蹈，他无可救要地沉了下去，独自一人抛弃了世间的光亮和喧器，静静地睡在了那个无声的世界。

427. 我，何小草，终究是两个世界的人，犹如交叉而过的直线吧，随着时间的推移，将越来越远，再我和她之间再产生什么，已是决然不可能的事情了。

428. 在定都南京之初，在大家的一致要求下，洪秀全公祭明太祖陵墓，自称朱元璋的不孝子孙，显露出重拾大明道统的思想。

429. 明代有潘应斗、潘应星兄弟曾赴威溪冲，读书箸述。新中国成立后，武冈组织3万劳力，历史5年拦断威溪水，建成蓄水3280平方米的中型水库,俨然"高峡出平湖"。

430. "你不用担心，只是走过程而已！"宁静看见小王手心里都紧张得捏出了汗，安慰她。

431. "摔的？""摔的，真是摔的。""自己摔的？""恩。""我不信。"沉默了一会儿，他又说："真不够哥们儿。"

432. 说起来好笑，他昨天开门的时候脚不小心碰到门框，膝盖碰得厉害，今天还破着脚上班来了。

433. 他目前的棘手问题，是如何管理一个江湖日下的公司，以及尽快提升公司下个季度的业绩。

434. 我无法辨别到底是欲望还是感情占了上峰。值得说明的是，对何小章旷日持久的寻找与崇敬已成为我一种惯性的恣态。

435. 他站在游泳池的门口，闷不做声，抽烟，眼神游疑不定，我拉着何小草从他对面的马路走过，他飞快地瞄上我们一眼，目光随即望向别处。

436. 他说完，拍了拍夏道明的肩膀，说："难为你了，你放心吧，这孩子我会照着他的。"

437. 他们不知道我要买弄什么关子，我学着郭静的样子，转身在干净的黑板上写下了四个字：发家致富。

438. 韩海觉得事情闹大了，他嗫喏着说："老师，我们错了还不成吗？"

439. 可以确定的是，他身上的很多部位在流血，覆盖在身上的白色布单被鲜血浸红，一点点泅出来……

440. 当然，夏冬说的是过生日之类的谎话，他扯谎的技巧很圆孰，滴水不露。

答案

421. 一届(介)书生。介：相当于"个"。

422. 烧糊（煳）。煳：这里指食品经火变焦发黑。

423. 厉（历）任。

424. 揣（踹）休克。

425. 啼（谛）听。

426. 无可救要（药）。喧器（嚣）。

427. 再（在）我和她。

428. 不孝(肖)子孙。不肖：不似(先人)。

429. 箸（著）述。历史（时）。水库（厍）。厍（shè）：村庄。

430. 走过程（场）。

431. 恩（嗯）。嗯（ng）：表示答应。

432. 破（跛）着脚。

433. 江湖（河）日下。

434. 上峰（风）。恣（姿）态。

435. 游疑（移）不定。

436. 照（罩）着。

437. 买(卖)弄。干净(净)。净："净"的异体字。

438. 嗫喏（嚅）。

439. 泅（洇）出来。

440. 圆孰（熟）。滴水不露（漏）。

23

441. 林贞也许就是这样一个冒冒实实不知天高地厚的人，胆子特别大，也从不知逢迎拍马，所以深得我们兄弟几个喜欢。

442. 运动时常能听到有人发出"嘎嘎"的声响，比如蹲起时膝关节有响音，走路时髋关节发出轻轻的"嘎嘎"声，转脖子颈椎有声音……这些声音人们通常称之为"弹响"。

443. 80个日日夜夜，李自健感到非常痛苦，他一边画着，一边仍由眼泪哗哗地流，"这场惨无人道的屠杀令我内心震撼"。

444. 警察向天空明枪示警后，该男子仍冲向非机动车道追砍一名白衣男子。情况万分危急，特警果断开枪击中嫌疑人大腿，将其制伏。

445. 让生命成为一曲传奇，荡漾九州，但不能忘了凡是以理想为因，实行为果。

446. 与其苟活在这黑暗的寒冷世界，不如顽强斗争，追求光明与希望，即使为此牺牲也再所不惜。表达出作者赞美抗争精神，虽九死而忧不悔的爱国情怀。

447. 2000年，卢慧波依然离开家电行业，进入联想，开始了一段联想的传奇。

448. 有的夫妻离婚时，会豪不留情地将对方的缺点全部倾诉给孩子，他们自己恨对方，也让孩子恨，这种方式让孩子背负起沉重的心理负担。

449. 姜文靠着两封"情书"，就把周润发和葛优忽悠进了剧组。以下便是两封书信原件，从中尽现姜文影像之外的文字功利和风采。

450. 该技术对鼻黏膜没有破坏，术中出血少，患者无不适感，术后症状即明显缓解，患者无痛苦，回复快。

451. 曾经有人问过奥格威，如果你是教皇的话，那么有哪些人可以称为广告这一奠堂的巨擎呢？

452. 我时常想，不管是佛门大师还是皇帝，他们原本是一个普通人，因为诸多姻缘与顿悟，多少年后，他们在某一方面不同凡响并具备超乎常人的能力。

453. 虽然有时候很辛苦，但我觉得能结实他是一件非常幸运、幸福的事。

454. 孙中山也是一震，睁大了眼看黄兴。眼前的黄兴魁梧如山，威风凛凛，目光炯炯，黑硬的疵须遍绕唇周，哪有半点文弱书生的样子！

455. 短短数月，周冬雨的确进步了不少，她不再慌乱，回答问题紧紧有条，面对太复杂、太成人世界的问题，她会用"嘿嘿"的笑声搪塞过去。

456. 阿吉回头望了他一眼，他马上就像怀里揣了个小兔子，激动得小心肝呼呼直跳，脸块涨得通红。

457. 民间有句顺口溜："冷调筱面捣烧酒，山珍海味换不走。一口筱面一口酒，香得口水往下流。"

458. 对于这类病的患者，他还特别强调，生活中注意松弛有度，降低对世事的敌意，才会对病情有更好的帮助。

459. 成败于否，方式方法是关键，不能一昧地以高压态势对待员工。

460. 当严重的高原反应成为生命的威胁时，前线记者完全靠着有线的几次补氧坚持完成了全部的采访任务。

441. 冒冒实实（失失）。
442. 嘎嘎（嘎嘎）。嘎嘎（嘎嘎）。嘎（shà）：声音嘶哑。嘎（gā）：这里指短促而响亮的声音。
443. 仍（任）由。
444. 明（鸣）枪示警。
445. 凡是（事）。
446. 再（在）所不惜。忱（忱）不悔。
447. 依（毅）然。毅然：坚决地；毫不犹豫地。依然：①照旧。②仍然。
448. 豪（毫）不留情。
449. 功利（力）。
450. 回（恢）复。
451. 奠（殿）堂。巨擎（擘）。擘（bò）：大拇指。巨擘：比喻在某一方面居于首位的人物。擎：往上托；举。
452. 姻（因）缘。因缘：佛教指产生结果的直接原因和辅助促成结果的条件或力量。姻缘：指婚姻的缘分。
453. 结实（识）。结识：跟人相识并来往。结实：坚固；健壮。
454. 疵（髭）须。髭（zī）：嘴上边的胡子。
455. 紧紧（井井）有条。
456. 呼呼（怦怦）直跳。
457. 筱（莜）面。筱（莜）面。莜（yóu）：用于"莜麦"，一年生草本植物，籽实可以磨成面供食用。筱（xiǎo）：小竹子。也同"小"。
458. 松（张）弛有度。
459. 成败于（与）否。一昧（味）。
460. 有线（限）。

24

461. 而一向被看成是湖南广电金子招牌的晚会成了这种"特色高端"的重要出口。

462. 审视建筑价值，定义建筑的每一个元素，将人本精神与商务奢侈演艺到机制。

463. 吴王便迫不急待地上门看望孙子，并很快就任用孙子为将，率吴军挥师伐楚，直止占领楚国国都郢。

464. 他在人群中寻找着林志玲和她母亲，竟意外发现她们和施胜霖三人坐在一起，言笑宴宴。

465. 上班时间请父母帮忙带宝宝，这种绝大多数城市家庭的代养孩子的方式，或导致孩子情商偏低。

466. 理论上通过癌细胞的特异蛋白激活免疫系统，从而消灭癌细胞是可行的。而且，在病变细胞恶化为癌症之前，通过接种育苗防犯于未然，其临床意义不仅仅是挽救生命，还在于避免患者深受癌症的病痛折磨，延长生命的同时从根本上改善了生活质量。

467. 因此，校经书院由单纯钻研经史文学的旧式教育机构变为兼学中西文化科学、斩露近代风貌的教育机构。

468. 垫上棉桃开笑脸。伯伯黑黝黝的脸在阳光的照射下，泛着光。望着那一大片棉花田，伯伯咧开嘴巴，笑了。

469. 专门学分公法学、掌故学和格致学三门，要求学生在学习普通学的基楚上，各学一门专门学。

470. 光绪三十年秋季，赵尔巽奉旨进京，陆元鼎代理湖南巡抚事，湖南守旧官绅借机上奏朝廷："湖南开办女学堂流弊日多，请伤停办。"

471. 为了加强中路师范学堂管理，端方委丁扰在籍翰林院庶吉士谭延闿为监督。

472. 称秤不论平和望，做人也有好与坏。什么事都不能一概而论。

473. 地方官倡导造林有方，保护得力，使一县林业不受破坏满一年者，记大功一次；满三年以上者，援列酌量褒奖。

474.14 岁时，蔡锷又应岁试，名列一等。15 岁时，蔡锷跟随樊锥赴秋闱。

475. 国庆的时候去八面山，在一家烤全羊店子里，见到一个三四岁左右的小男孩，皮肤黑黑的，鼻子下拖着两行鼻涕，扑扇着一双大眼睛，正在麻将桌上将麻将当积木玩。

476. 褒贬不一的二臣虽然在清廷如鱼得水，但是洪承畴的投降在明朝遗臣眼中，则是大节有亏、大逆不道的行为。

477. 这个"帝制议案始末"的公布暴露了袁世凯企图进行垂死挣扎的妄想，大有要向反对者大张挞伐的驾势，是想对护国军发动大举进攻的前凑。

478. 这是城市建设史上新的里程碑，为一千多年来城市的发展谱写了新的历史编章。

479.1990 年 4 月 20 日深夜，北京的春夜仍有几分寒意，李宁手提大哥大，形色匆匆地走进了一家新闻机构大门，直奔总编室。

480. 这种愿望最终支配了李宁公司的发展，使得李宁公司走上了和很多体育用品企业截然不同的道路，一条商业和体育结合，相辅相承，又互相擎肘的道路。

答案

461. 金子（字）招牌。

462. 演艺（绎）。机制（极致）。

463. 迫不急（及）待。直止（至）。

464. 言笑宴宴（晏晏）。晏晏：这里指和悦的样子。

465. 代（带）养。

466. 接种育（疫）苗。防犯（患）于未然。

467. 斩（展）露。

468. 垫（甸）上。甸：这里指田野。

469. 基楚（础）。

470. 请伤（饬）停办。饬（chì）：饬令。上级命令下级。

471. 丁扰（忧）。丁忧：遭到父母的丧事。

472. 望（旺）。

473. 援列（例）。葆（褒）奖。

474. 秋闱（闱）。秋闱：科举时代，乡试例于八月举行，故称"秋闱"。

475. 扑扇（闪）着。扑闪：眨；闪动。扑扇：抖动或张开。如"扑扇着翅膀"。

476. 二（贰）臣。贰臣：指在前一朝代做了官，投降后一朝代又做官的人。没有"二臣"之说。

477. 驾（架）势。前凑（奏）。前奏：比喻事情的先声。

478. 编（篇）章。

479. 形（行）色匆匆。

480. 相辅相承（成）。互相擎（掣）肘。掣（chè）：拽；拉。掣肘：拉住胳膊，指阻挠别人做事。

25

481. 到 2007 年，历经亚洲金融风暴、科技泡沫破灭的震荡，台股当中只有鸿海市值暴增三百倍，而许庆祥压得最多的股票正是鸿海。

482. "过隐，真过隐！"我来不及掸掉满身的羽毛，尖声叫着："来吧，我不怕你们！"

483. 这香干看起来不怎么样，但试过之后，却觉得嫩滑又有嚼劲，不由胃口打开。

484. 骁骁经历了太多的第一次，第一次用零下 1 度的冷水洗头，第一次发烧不打针硬抗下来，第一次过年不回家在全组人面前留下眼泪。

485. 中国外交部发言人曾多次强调，钓鱼岛及其附属岛屿是中国的故有领土，中国船只巡航是依法行使主权的行为。

486. 石光荣与诸琴两人虽然常有摩擦，但在 37 年中，两人的激情却在不断地燃烧，我喜欢并向往这种激情。

487. 这些红色记忆让年轻的心在这个季节不再寂寞与彷徨。

488. 他成家后在墨庄落户，从不干欺男霸女之事。相反，相邻的村庄见墨庄有了这么一个人物，更不敢小觑。从这个意义上来讲，他倒成了墨庄的保护伞。

489. "你不要给我开空头发票，嘴巴上答应得好好的，实际上却做不到。一手交钱一手交货，天经地义。"赵卓不相信他，盯着他的眼睛，说道。

490. 1913 年 3 月 20 日，袁世凯派人刺杀宋教仁于上海车站，激起举国愤怒，南方各省纷纷宣布独立，奋起讨袁，推黄兴为讨袁军总司令，于 7 月 15 日到南京视师。

491. 20 世纪 90 年代初，我迷上了篆刻，特意请人从北京给我买回来一本《篆刻字典》。

492. 官场上可以靠父辈的照应，生意场上可以得到祖辈的荫蔽；而黑道上混，全得凭自己的勇气和运气，另外也得有"智慧"。

493. 想了好久，就在菜上齐了，服务小姐一弓身退下的当儿，程鹏想起那是在电影上，绝对的香港"古惑仔"形象。

494. 卡车司机一脸盲然,他毕竟是一闪而过,那会记得长什么样子?

495. 当年久富盛名的温泉经人为改造后,没有了往日原始的风味,前往泡温泉的人大为减少,温泉池子里虽然热气腾腾,周边却是一幅萧瑟冷落的景象。

496. 昔日的峰哥虽然身残,却仍然志坚。因为,他每时每刻不在想象当初的辉煌。

497. 程万里的怒吼远没有结束的意识,程鹏站在龟背上被程万里训得呆若木鸡。

498. 辛亥革命推翻了清王朝,打断了束缚在我们身上的索链,我国从此走上了新民主主义革命的道路。

499. 历史上的刀兵水火,已经把城郭变为断桓,把绿州变为沙海,把生命变为枯骨……

500. 康熙五彩耕织图纹瓶,故宫博物院藏。形似棒槌,风格挺拔,饱满有力,体现了康熙时瓷器造型特点。

答案

481. 泡沫（沫）。压得（押的）。沫（mèi）：商朝的都城，又称朝歌，在今河南汤阴南。

482. 过隐（瘾）。过隐（瘾）。

483. 打（大）开。

484. 硬抗（扛）。留（流）下。抗：抵抗；抵挡。扛：支撑；忍耐。

485. 故（固）有。

486. 诸（褚）琴。摩檫（擦）。檫：檫树，落叶乔木。

487. 寂莫（寞）。

488. 小觑（觑）。觑（qù）：看；瞧。歔（xū）：歔欷，叹息。

489. 发（支）票。支票：向银行支取或划拨存款的票据。这里应用"支票"。发票：买东西时开具、收取的收付款凭证。

490. 视（誓）师。

491. 篡（篆）刻。篡（篆）刻字典。篆刻:刻印章(因印章多用篆书)。篡：夺取，多指篡位。

492. 荫蔽（庇）。荫庇：指尊长照顾晚辈或祖宗保佑子孙。荫蔽:①(枝叶）遮蔽。②隐蔽。

493. 一弓（躬）身。

494. 盲（茫）然。那（哪）会。

495. 久富（负）盛名。

496. 每（无）时每（无）刻。

497. 意识（思）。

498. 索（锁）链。锁链：用铁环连接起来的成串的东西，用来束缚人、物。索：大绳子或大链子。如"铁索桥"。

499. 断桓（垣）。绿州（洲）。桓(huán)：姓。垣（yuán）：①城。②墙。

500. 棒捶（槌）。槌：敲打用的棒，大多一头较大或呈球形。棒槌：①捶打用的木棒。②指外行。

26

501. 苍鹰是戈壁灭鼠能手，属于县里命令禁止射杀的六种鸟兽之一，射杀者一旦被村干部抓到，肯定重罚。

502. 三个人相识而笑，都以为自己不过是在痴人说梦。

503. 区工委学教办、组织部在区电视台开辟实践"三个代表""党建风采""二次创业、民营兴洪"专栏，对学教活动中踊现出来的先进基层党组织和优秀党员干部进行宣传。

504. 米粮洞位于温水乡黄江村即今县兰岗山林场境内，踞龙潭镇约25公里，与洞口县接壤。

505. 殿试也叫庭试，由皇帝亲自主持考试，考策问，考中者统称进士。殿试后一甲三人为"赐进士及第"，依次称为状元、榜眼、探花。

506. 麦佳却不会让儿子再改回蒋姓，各中辛酸故事和情感，只有她自己知道。

507. 而且他认为，焚香是中国传统文化中精髓的部分，有进化环境、有益身心、提升品位之妙。

508. 影星来访，我的一堂课竟然有35人缺席去维持次序，我很愤怒。

509. 那位大声打电话夸夸其谈，吐沫腥子横飞，生怕别人不知道他是"社会精英"的大叔，莫非是小车轮胎被人扎破了才来坐公交车？

510. 但你写的诗是不需要什么改动，你已经写得是那么会事了。

511. 孩子伏在老人的背后，屏声静气，不敢看湍急的河水拍打老人那瘦骨嶙峋的脚。

512. 最重要的是我是你们的大雷哥，切忌要相信你们的大哥哦。

513. 中国是世界四大闻名古国之一，以辉煌的文化艺术和科学技术成就蜚声于世界。

514. 邻近年关，各大商场开始大幅打折，引得人们疯狂抢购奢侈品。网友在网上调侃并劝导人们正确对待追求奢侈品的现象。

515. 就这样过了好长一段时间，徐宗汉才从床上爬起来，"扑"地一下吹灭桌上的美孚油灯，让窗外皎洁的月光，见证这美好的时刻……

516.去年，她回到长沙，终于进了一家外贸网络公司，虽然薪水微博，但总算从事了跟英语有关的工作。

517.《白日梦工厂》主打校花牌,但感觉校花只是主持人的配角,在节目环节中，用喇叭挑战勇气，也略显娇情。

518.贞子拉着杜青风闪进一栋教学楼气喘吁吁地躲了一会，贞子碍手碍脚地探身出去，曹大为没有追上来，估计已经原路返回安抚孤身一人的女孩去了。

519.她死死抱着纸巾，眼光随意扫一眼鬼影重重的花坛，突然想起什么事来，悔恨得直打自己的脸，呜咽出声。

520.杜万盛在给孙子夹鱼的时候，意味深长地瞥了一眼贞子，就这么一瞥，让贞子心头刚才还盛开的黄花菜，倏地蔫了。

答案

501. 命（明）令。明令：明文宣布的命令。

502. 相识（视）而笑。

503. 踊（涌）现。

504. 踞（距）。踞：蹲或坐。盘踞。

505. 庭（廷）试。

506. 各（个）中。个中：其中。

507. 进（净）化。

508. 次（秩）序。

509. 吐（唾）沫腥（星）子。

510. 会（回）事。

511. 瘦骨嶙峋（岣）。嶙峋：这里指人消瘦露骨。岣：岣嵝，山名，衡山主峰。

512. 切忌（记）。

513. 闻名（文明）。

514. 邻（临）近。

515. 扑（噗）。

516. 微博（薄）。

517. 娇（矫）情。

518. 碍(蹑)手碍(蹑)脚。蹑手蹑脚：形容走路时脚步放得很轻。碍手碍脚：妨碍别人做事。

519. 鬼影重重(幢幢)。幢幢(chuáng)：形容影子摇晃。

520. 焉(蔫)了。蔫(niān)：①指花木、水果因失去所含的水分而萎缩。②形容精神不振。

163

27

521. 他分明就是一面镜子，纤细无遗地照见了世间的善与恶。

522. 中国掌握核武器打破了美苏的核垄断地位，对维护世界和平有着及其重要的意义。

523. 如果只是为了一点鸡毛蒜皮的事情发怒，甚至这怒气会伤及无辜的人，与人与己都是祸害，那么这怒就是廉价的。

524. "人生莫作妇人身，百年苦乐由他人。"三年前老公抛弃了她，从此在她心中留下深深的铬印。三年后，这句话从闺蜜口中说出，又引起她痛苦的回忆。

525. 农业兴盛，则民富国强；农业凋敝，则国力日衰。古今中外无数的实例都应证了这一铁律。

526. 迄今为止，在湖南许多地区已经发现了两汉时期使用的铁锄、铁插、铁斧等农业生产工具。

527. "碎！"周文略一声轻喝，手中霜气所凝聚的冰霜便崩然而碎，里头所冻住的黑云鬼影顿时烟消云散。

528. 吓得那人"朴通"一声跪在地上，对着蔡锷不停地磕头，口口声声称自己是上命所差，不得以而为之。

529. 但那种热天特有的神秘气息却留在我的记忆里永不消弥，每每勾起我对往事甜蜜而略带忧伤的回忆。

530. 是以至此，站在台下的朱盟无奈笑着，心想，我要是不举起手来，这激动的主持人怕是不依不绕地继续用港台腔寻找"男朋友"。

531. 朱盟附身狠狠亲了一口她嘟起的嘴，嘴角的泡沫也沾到她脸上，引得她大叫："喂，你故意的是不是？"

532. 从香港到了越南之后，蔡锷和预先到达的戴戡等几名部下会合，买了六匹马，用一匹驼行李，其余几匹乘坐，从老街山口进入云南边境。

533. 不到 3 年，这个不服输、绝强的湘妹子就成为了一家全球排名第 6 位的软件公司中国区总经理助理。

534. 老廖是儿童医院的教授，从医 30 多年来，治愈的患者不记其数。

535. 王霄故意扳起面孔。"是，是，管教大人。"女孩玩皮地吐了吐舌头。

536. 长裙像怒张的牡丹，向四周骄傲地绽开，那云霞一样漫舞开的轻纱彩带，有一种无法言语的美。

537. 皇八子胤禩在与人交往中较少天潢贵骨所贯有的骄横之气，平易而务实。

538. 就这样站在雨中，他不被冻死也会流光血液而死的，处于人道主义精神，她轻轻地推他："喂！"

539. 我知道，"溺水三千，只取一瓢饮"出自《红楼梦》第九十一回。但从他口里说出来，虽不如贾宝玉那般真情真意，甚至口气里还有一点调侃的味道，但我也很开心了。

540. 沈克泉发现的正是难得的不育系种子材料，后取名"贵野 A"不育系。

答案

521. 纤细（悉）无遗。纤悉：详细；详尽。

522. 及（极）其。

523. 与（于）人与（于）己。

524. 铬（烙）印。烙（lào）印：用火烧铁在牲畜或器物上烫成痕迹，比喻深刻地留下印象。铬（gè）：金属元素。

525. 应（印）证。

526. 铁插（锸）。锸（chā）：松土、挖土的工具。

527. 碎（啐）。啐（cuì）：表示唾弃、斥责或辱骂。

528. 朴（扑）通。不得以（已）。不得已：无可奈何；不能不如此。

529. 消弥（弭）。弭：平息；消灭。消弭：消除。弥：满；更加。

530. 是以（事已）至此。不依不绕（饶）。不依不饶：形容要求不遂就纠缠个没完。

531. 附（俯）身。

532. 驼（驮）行李。驮：用背部载人或物体。

533. 绝（倔）强。

534. 不记（计）其数。计：指计算。

记：指记录、记载等。

535. 扳（板）起面孔。玩（顽）皮。

536. 漫（曼）舞。

537. 天潢贵骨（胄）。贯（惯）有。胄：古代指称帝王或贵族的子孙。

538. 处（出）于。

539. 溺（弱）水。

540. 种子（质）。种质：遗传学上指亲代能稳定传给后代的遗传物质，存在于生殖细胞的染色体上。

28

541. 对方开始正义凛然、言辞措措，甚至教育起周宁这"不正确"的人生观。

542. 楚楚站在超市里，左手酱油、右手耗油正在思考时，右肩突然被人重重地拍了一下。

543. 很多政府官员，还有大碗明星，都吃过杨老师的闭门羹。

544. 一旁的曹云达不禁揶揄道："没见你给我买过衣服。"

545. 规模较大的冲击平原主要由三部分组成：一是山前平原，为大冲击扇或洪击扇合并构成。二是河漫滩平原，又称泛滥平原，一般分布在河流中下游，主要为冲击物构成。三是三角洲平原，主要分布在沿海地区及大湖湖滨地带。

546. 当务之即是要先搞清楚，什么样的骗子最容易阴谋得逞？

547. 骗子是在晚上 12 点粉磨登场的，他在麦小小的粉色 QQ 里一闪一闪的。

548. 因为即使是有血缘的情感也未必扛得住岁月的打磨，但感同深受的悲悯能够让人有更广阔、更人文的情怀。

549. 这次回家，陈克明一来为父母亲扫墓，二来家里还有几庄喜事需要他到场。

550. 当我的手机信号最终消失时，她一定焦急得挽起她耳后的短发，手指不停地敲着重播键。

551. 喜欢把许多衣服攒到一起洗的人，一定会经常报怨家里的洗衣机容量太小。

552. 尽管自然在形式上有林林种种，但其无穷的多样性，人类目光所及之处的所有事物都笼罩在统一性之中。

553. 然而就一个名存实亡的老牌节目而言，这些虚名的负累日以彰显。

554. 康熙皇帝见所有人的意见与自己相佐，愤怒异常。他立即自食其言，以"八阿哥未尝更事，近又罹罪，且其母家亦甚微贱"为由，断然对众大臣的意见予以彻底否定。

555. 因为权力退场，收藏品交易变成了纯粹的买卖摄合。

556. 风流总被雨打风吹去，曾经的繁华只能在残存的卷帙中寻找。

557. 撑一支长蒿，向历史更深处漫溯。

558. 会稽王司马道子在其母亲的荫庇下，示意8位重臣联名上疏，要求皇兄孝武帝给予自己"假黄钺，加殊礼"为相。

559. 回家之后，曾老虎仍然气愤难平，虽然打了刘裁缝，但美人还是不知下落。突然又发现自己戴在大姆指上的一枚玉石班指不知去向，心知一定是打人时失落在刘裁缝店里了。

560. 但在多元化的媒介生态中，官报影响日益势微，以致于袁世凯称帝自为时，必须收买、创办报刊以为己用，为其称帝造势。

答案

541. 正义凌（凛）然。言辞措措（凿凿）。凿凿：确切；确实。

542. 耗（蚝）油。

543. 大碗（腕）。大腕：指有实力、有名气的人。

544. 挪（揶）揄。揶揄：嘲笑；讥讽。挪：挪动；转移。

545. "冲击"改为"冲积"。"洪击"改为"洪积"。冲积：高地的沙砾、泥土被水流冲到河谷低洼地区沉积下来。

546. 当务之即（急）。

547. 粉磨（墨）登场。

548. 感同深（身）受。

549. 几庄（桩）。桩：①桩子。②件（用于事情）。

550. 重播（拨）键。

551. 一起冼（洗）。报（抱）怨。

552. 林林种种（总总）。林林总总：形容品种繁多。

553. 日以（益）彰显。

554. 相佐（左）。相左：相反；相互不一致。

555. 摄（撮）合。

556. 卷昳（轶）。卷轶：书籍（就数量而言）。昳（dié）：太阳偏西。

557. 长蒿（篙）。篙（gāo）：撑船的竹竿或木杆。蒿（hāo）：蒿子。

558. 黄铖（钺）。钺（yuè）：古代兵器，青铜或铁制成，形状像板斧。铖（chéng）：用于人名。

559. 大姆（拇）指。班（扳）指。

560. 势（式）微。以致（至）于。式微：泛指事物衰落。

29

561. 这样的新闻史研究，才有可能走入历史的深处洞烛幽微，揭示在新闻生产背后被遮蔽了的复杂的权力关系，才有可能使新闻史不致成为政治的标签和媒介的清单。

562. 齐白石年过古稀不能上战场杀敌，但他以画进行着抗争。北平沦陷后，他创作《寒鸟》一幅。画中仅一笔枯枝，立一只仰首向上的鸟，其喻意不言自明。

563. 洪水过后，村庄几乎被夷为平地，获救的人们站在高处哭泣，那场面只能用残不忍睹来形容。

564. 显然，当前服装行业产品价格已达到群众购买力的心理阈值，如果这一势头不扭转，那么服装业的冬天还将很漫长。

565. 紧急时用嘴对伤口将毒汁吸吮出来，急救者吸吮后立即吐出，将口嗽干净。急救者有口腔溃疡时禁用此法。

566. 所以在那个梅雨天遇到自己命中注定的男子时，才会将他当成了姐妹，这直接导致我有相当一段时间一见到他就绯红了脸颊。

567. 透过氤氲朦胧的雨幕，他的背影凭地熟悉，好像多年前我便像今日这般望着他头也不回地离去。

568. 本论文集是晋江籍理学家群体资料之衰辑，为便于检索，按历史发展轨迹排列，再按人物姓氏读音编排。

569. 我绝对没有做过违背当事人意愿的事，那些姑娘都是自愿斩断情丝坠入空门的。

570. 在过去的 12 年间，他先后数次来到南极最寒冷的地方进行总时长达 400 小时的水下摄影，拍摄到一系列令人绩绩称奇的海底画面。

571. 也许觉得亏欠了她，王宁决定请她吃大餐，搞劳搞劳她。

572. 拂姬不知道在做什么，扣了半天的门都不见里面人应声，我心下焦急，直接盼咐婉兮把门撞开。

573. 太后坐在他床头叹了一晚上的气，眼见着昔日的偏偏少年，变成了如今面黄肌瘦的模样，让人不忍再看第二眼。

574. 我在二楼趴在窗户上往下瞧，只见那些男男女女们亲亲我我相拥着进了楼里，我甚至还看到了州府公子的身影。

575. 还能有什么来头？无非是长得有几分姿色就吃了雄心豹子胆的女人，她也不出去打听打听，咱们小姐上头的人是谁。

576. 她身居高位久了，冷冽的气势自然而然地散发出来，直逼人面。

577. 娘的目光在茶杯上一扫，戏谑道："怎么，还怕娘再给你下药不曾？"

578. 他一边摆弄着花瓶一边说："这药是专门为你配置的，我是阴阳师，配出的东西自然不会害了你。"

579. 一个声音轻挑地说："皇后娘娘还在，居然要一个妃子打理后宫！"

580. 贾玉惊见左旭到场，不禁苦下脸，本打算趁着今天这个大好时机向梁优璇展开追求公式。唉，不知道还有没有机会了。

561. 洞烛幽微（洞幽烛微）。洞：透彻。幽：照亮。形容目光敏锐，能看到事物幽深细微之处。

562. 喻意（义）。喻义：比喻的意义。喻意：表明意思。

563. 残（惨）不忍睹。

564. 心理阙（阈）值。阈（yù）：门槛，泛指界限或范围。

565. 嗽（漱）。

566. 绯（飞）红。飞红：很快变红。绯红：状态词。鲜红。

567. 凭（恁）地。

568. 衰（裒）辑。裒辑：辑录。

569. 坠入（遁迹）空门。

570. 绩绩（啧啧）称奇。

571. 搞（犒）劳搞（犒）劳。

572. 扣（叩）了。

573. 偏偏（翩翩）少年。

574. 亲亲（卿卿）我我。

575. 雄（熊）心。

576. 冷冽（凌厉）。

577. 不曾（成）。

578. 配置（制）。配制：把两种以上的原料按一定的比例和方法合在一起制造。配置：配备布置。

579. 轻挑（佻）。

580. 公式（攻势）。

30

581. 其中第一个步骤便是支持集团对其他部分电厂的参股股权进行收购，拟采取整体打包、分部实施、加快推进原则，成熟一个实施一个。

582. 奶娘赶忙抢了过去，一把扯开缚在欧阳箬脖子上的白凌。

583. 铺就的鹅卵石路咯得她脚底生疼生疼，自然是坐惯了肩攀的缘故。

584. 内殿里死一般静寂，静到可以看见阳光透过紫檀木雕花窗格子，投下斑驳凌乱的斑点，点点的灰尘在一束束的阳光下若惊吓一般飞舞。

585. 经过一番挫折之后，她的行为也收殓一些了。

586. 别看这茶杯乌黑粗糙，却是几亿年前的冰碛岩做的，我可是费劲周折才得到的。

587. 转过屋内的百鸟争春熠金大屏风，又过了几重帘子才到了灯火通明的大厅。

588. 楚霍天见她精神不济，道："今日朕便在这里披改奏折，你好生在一旁养病。"

589. 秒针滴哒作响，就在弗恩缓缓举手的一霎，他终于崩溃地嚎淘起来："殿下开恩！我说，我说！"

590. 澈安微微一哂："那些皇族贵族，算什么东西，配得上要我们为他们拼命？"

591. 肖肖本是个坚强的人，但听到这个消息，他却一下摊倒在地上，半天起不来。

592. 虽然他喜欢说笑，但语言并不低俗；虽然他也有少男少女的情愫初开，但不痴迷与下流。

593. 但是他总能从容学习与生活，闲暇时画点画，弄些花草养着，外表看似有点儒弱，但内心坚强，一步一步坚定地往前走着。

594. 开始还比较收敛，但这两年越来越生出土财主心态，恨不得让自己的品牌入驻每一桢画面，恨不得让每句台词都带有广告意味。这直接造成了电视剧质量的下降，观众怨声栽道。

595. 京城的卫生更是让我们大开眼界，走遍大街小巷都看不到一个烟蒂，同行的几位游客乱丢垃圾，不由让我私下里汗然。

596. 青年教师往往意气风华，对自己、对工作期望值很高。可现实有时是残酷的，很多事情也不是你我所能解决得了的。

597. 民兵预备役逐步成为全区抗洪抢险、维护社会治安和经济建设的中间力量，有力地促进了洪江的社会稳定和经济发展。

598. 不久，春天到了，在春风春雨的慈润下，树苗都成活了，在肥活的滩涂上伸展枝叶。

599. 睡不着就来江边走走，结果大老远就听到他在嚎叫，遁着声音找过来了。

600. 走出北桥时，小凉突然停下来："喂，给你变个魔术吧。"她将原本空无一物的手在我眼前恍了下，立马多出一块巧克力。

答案

581. 分部（步）。

582. 白凌（绫）。

583. 咯（硌）得。肩攘（搡）。硌：触着凸起的东西觉得不舒服。

584. 紫檩（檀）木。惊吓（鸿）。檀：青檀、紫檀等的统称。檩（lǐn）：架在屋架或山墙上面用来支持橡子或屋面板的长条形构件。

585. 收殓（敛）。敛：收起；收住。殓：把死者装进棺材。

586. 费劲（尽）周折。

587. 熘（镏）金。

588. 披（批）改。

589. 滴哒（答）。嚎淘（啕）。

590. 一晒（哂）。哂：微笑。

591. 摊（瘫）倒。

592. 情犊（窦）初开。

593. 儒（懦）弱。

594. 一桢（帧）画面。怨声栽（载）道。帧：幅。用于字画等。桢（zhēn）：古时筑墙时所立的柱子。

595. 汗然（颜）。

596. 意气风华（发）。

597. 中间（坚）力量。

598. 慈（滋）润。肥活（沃）。

599. 遁（循）着。

600. 恍（晃）了下。

31

601. 莲子去壳装入真空袋后，便是送礼佳品了。因为性子温敦，又有很好的滋补效果，所以是送给长辈的最佳礼物。

602. 短短一分钟，演员就被迫把人生的大起大落都上演了一遍，面部表情飞快变换着，我真担心他们会不会面部抽经。导演却只是懒懒地说了句："谢谢，下一位。"那一秒，我突然感到一股莫名的苍凉和无奈，原来无论哪一行，在成功之前都是如此没有尊严。

603. "你另有喜欢的人对吗？"我证住了，刚要辩解，她又咄咄逼人地问："是不是上次陪你一起回来的那个女孩？"

604. 说到这，她皎洁地眯起了眼，"陈默，我一直觉得，没什么比穷更可怕了。所以，我从小就学会了用自己的资本去换我想要的，大家各取索需，很公平。"

605. 那天下午，她穿着昵子大衣，裹着一条遮住半张脸的围巾，站在路口的广告牌下朝我招手。暖冬的天气正好，带着日式青春电影里的干净和清新，她的脚边是三个装得满满当当的彩色编制袋。

606. 外面的天色已经彻底暗下来，外卖披萨已经送上了门。我将食物切好，她闻到香味，摘下了手套和围群就凑过来，拿起一块放进嘴里，吃完还满足地又添了添手指，真是饿坏了。

607. 看完《2012》这部电影时，也曾在夜深人静时想过，若哪天真的山崩地裂海啸肆略，世界沦为一个生灵涂炭的巨大坟场，渺小如我又该何去何从？

608. 少女听了，如万箭穿心，暗自思量，自己待在闺中十几年，没做半点非分之事，何曾受过如此的羞辱？盖因自己只图一时凉快，竟筑成这般大错。

609. 他志存高远，却总是恍恍惚惚，穿棱于理想与现实之间。

610. "像你这种玩弄别人感情的人，为达目的不择手段的卑鄙小人，迟早会付出代价的。总有一天你会身败名裂脑干涂地，即使你摔得粉身碎骨也得不到任何人的同情！"那种把压抑已久的歹毒诅咒一次性骂完的过瘾感，就像坐上云霄飞车被冲到最高点的感觉。

611. "两型"建设渐次展开，一些问题让决策者们深感为难：几十年沉疴的湘江重金属污染问题如何解决？湖南自有能源有限与经济发展资源需求日益增加的矛盾如何解决？

612. 柳宗元的《渔翁》一诗，我最喜欢的一句是，"烟销日出不见人，欸乃一声山水绿"。

613. 小范不发一言，随手在纸上写下"维其不争，故天下莫能与之争"几个字。

614. 小雨淅淅沥沥下个不停，思念他的心也仿佛这初春的雨，漫天漫地扩散开来。

615. 北阀胜利后，唐生智（湖南东安人）在南京曲园宴请政要名流，上了家乡的醋鸡，吃得津津有味的客人们问这叫什么菜，唐说这是东安子鸡。此后唐生智在长沙桔子洲建公馆。郭沫若在《洪波曲》中说，抗战期间，唐在长沙水陆洲公馆里设宴招待了他，其中东安子鸡味道最佳。这道来自湘南的菜，后来走向国宴。

616. 在回忆早期罗马这段美好历史时，李维曾非常得意地夸耀："确实从未有过哪个国家更伟大，更虔诚，更赋有良好的范例，以至于贪婪和奢靡才如此晚地一直未能渗入那个社会，清贫和节俭在那里能如此长久地才不再受到那么巨大的推崇。"这些论述尽管不无谥美之词，却较为真实地反应了早期罗马的社会现实。

617. 鉴于上海贸易地位的重要，外商走私逃税活动的猖獗，毛寄云曾致函曾国藩，建议将上海关税改由汉口海关征收。但这一建议遭到曾国藩斥责。

618. 聊聊数十字，一幕幕画面，仿佛如昨日。如将这首词延展为剧本，那要与赵薇执导的《致青春》比个高下了。

619. 那日，曹操指天为题，以龙的变化、升隐来暗指英雄的行为。刘备就是担心曹操把他当作对手英雄。如果那样，别说刘备要实现自己的政治报复，连人头都会不保。

620. 在我们眼中，他是一位非常谦和、宽容的人，我们都认为他是一个不会发脾气的人。然而，异想不到的是，在一次小组会上，他却大发雷霆，严厉批评了肇事者。

答案

601. 温敦（暾）。暾(tūn)：刚出的太阳。温暾：微暖；不冷不热。

602. 抽经（筋）。无奈（柰）。奈：奈何。柰：古书上指一种类似花红的果子。

603. 证（怔）住。拙拙（咄咄）逼人。

604. 皎洁（狡黠）。各取索（所）需。

605. 昵（呢）子。编制（织）袋。

606. 围群（裙）。添（舔）了添（舔）。

607. 肆略（虐）。

608. 筑（铸）成。

609. 穿棱（梭）。

610. 不箨（择）手段。脑干（肝脑）涂地。箨(tuò)：竹笋上一片一片的皮。脑干：脑的一部分，包括延髓、脑桥和中脑。肝脑涂地：肝胆脑浆涂抹地面。形容惨死的情景。也表示竭尽忠诚，不惜牺牲。

611. 沉珂（疴）。疴(kē)：病。沉疴：长久而严重的病。珂(kē)：①像玉的石头。②马笼头上的装饰。

612. 款（欸）乃。欸(ǎi)乃：①形容摇橹的声音。②形容划船时歌唱的声音。

613. 维（惟）其不争。

614. 析析（淅淅）沥沥。

615. 北阀（伐）。桔（橘）子洲。

616. 赋（富）有。谥（溢）美。反应（映）。富有：这里指充分地具有。赋有：具有（某种性格、气质等）。谥：帝王、贵族、大臣死后，依其生前事迹所给予的称号。

617. 猖撅（獗）。撅[1]：①翘起。②当面使人难堪；顶撞。撅[2]：折。

618. 聊聊（寥寥）。

619. 报复（抱负）。抱负：远大的志向。报复：打击批评自己或损害自己利益的人。

620. 异（意）想不到。

32

621. 制作面包时加入酵母菌，烤出的面包暄软多孔，这是因为酵母菌能分解面粉中的葡萄糖产生二氧化碳。

622. 继 1995 年《湖南通志·教育志》后，2002 年，由张楚廷、冯象钦、刘欣森主持，省内多所高校学者参予研究的《湖南教育通史》出版，煌煌数百万言，详细阐释了湖南教育从远古到当代的发展历程。

623. 《童年时代》的原稿，寄给俄罗斯著名的大杂志《现代人》，随之立即被发表（1852 年 9 月 6 日），并且获得广泛的成功，这是被欧洲所有读者一直认可的。

624. 从存世的作品看，李腾芳则依偎于尊古和性灵两派之间，属于调和派。

625. 东汉应劭云："烧草，下水种稻，草与稻并生，高七八寸，因悉芟去，复下水灌之，草死，稻独长，所谓火耕水耨也。"楚人入据湖南后，"火耕"与"水耨"在水稻种植中逐渐结合并普遍得到推广。

626. 双方看似两家截然不同的公司，为了夺取数字广告和电子商务的至高点而争得不可开交。

627. 我踏着前人足迹，沿着清一色的石板路前行，一排排柳树，似乎在诉说那一段段业已远去的前程往事，刀光剑影。

628. 据说，黄遵宪《日本国志》杀青，曾向李鸿章、张之洞各送一部，并呈送总理各国事物衙门一部，但并未引起当政者太多的注意，直到甲午战争战败以后，此书的价值才引起重视。

629. 雪花无声地飘落到路面，瞬间即被来往的车辆辗成一滩水渍，衬着迷离的灯光，延伸出一条狭长的诡谲的寂寥的纽带，除了路面尚在泛光，房顶、树干、地面都裹上了白皑皑的雪衣。

630. 去上海的人想，还是北京好，挣不到钱也饿不死，幸亏车还没到，不然真掉进了火炕。去北京的人想，还是上海好，给人带路都能挣钱，还有什么不能挣钱的？我幸亏还没上车，不然真失去一次致富的机会。

631. "把酒酎涛涛，心潮逐浪高。""把酒"一事未毕实在，或许是借以表达自己那种无比激动的愤慨之心和誓挽狂澜于既倒之志吧！这"心潮"之中不正起伏着对前途充满信心，对革命抱定坚强信念的乐观之波吗？

632. 下棋亭可谓奇险万状，无路可通。唯一的"路"是"鸽子翻身"处。此处悬崖上垂下一条瓶口粗细的铁索，长十多丈，上下时人向绝壁，手援铁索，脚踩石窝，得小心冀冀。

633. 唐代的长安是全国政治、经济、文化、交通中心，水路、陆路四通八达，故此，民谚说："条条道路通长安""处处有路通长安"。公元907年，朱温篡唐，建立后唐，迁都开封，秦中才结束它"帝王之都"的地位。

634. 小召原为俺答汗后裔俄木布·洪台吉所建，1697年重建。康熙西征凯旋曾驻毕于此。

635. 刘希夷，唐代河南省汝川（今临汝）人，少有文名，喜欢写宫体诗，词意多悲苦，唐高宗时进士。有一次他写了一首诗，题目叫《代悲白头翁》，中有两句是"今年花落颜色改，明年花开复谁在"。他在吟娥时，觉得与晋朝石崇的《白首》诗同。而石崇在"八王之乱"中被刘秀所杀。他担心一语成谶，于是改成了"年年岁岁花相似，岁岁年年人不同"。

636. 既注重借用多种史料阐释罗马帝国兴亡的原因，也注意从史实铺成中分析古罗马帝国社会道德变迁与罗马帝国兴衰之间的必然联系。

637. 我国负费电视是基于数字电视技术和网络实现的，所以，负费电视常和数字电视通用。

638. 洗得累的时候，还可以欣赏那河边吊脚楼的人家，看那一摆一摆过桥的路人，欣赏那同自己一样挥动着棒槌一点一点槌衣的女子。

639. 如中唐诗人朱庆馀的《闺意寄张水部》:洞房昨夜停红烛，待晓堂前拜舅姑；状罢低声问夫婿，画眉深浅入时无。

640. 但是，《东汉观记》原书143卷在历史离乱变迁中到元朝就散失殆尽了，其中的《蔡伦传》在清乾隆年间编定的《四库全书》中有揖录本。这个揖录本来源于明朝修编的全书《永乐大典》。

答案

621. 喧（暄）软多孔。暄：这里指物体内部空隙多而松软。喧：声音大。

622. 参予（与）。煌煌（皇皇）。皇皇：形容堂皇，盛大。"皇皇"也同"惶惶""遑遑"。

623. 一直（致）认可。

624. 依偎（违）。依违：依从或违背，指态度含糊、犹豫不决。依偎：亲热地靠着；紧挨着。

625. 水褥(耨)。水褥(耨)。耨(nòu)：①古代一种锄草的农具。②锄草。褥：褥子。

626. 至（制）高点。

627. 前程（尘）往事。

628. 事物（务）。

629. 辗（碾）成一滩（摊）。

630. 火炕（坑）。火炕：可以烧水取暖的炕。火坑：比喻悲惨的生活环境。

631. 酎（酹）。未毕（必）。酹（lèi）：把酒浇在地上，以示祭奠。酎（zhòu）：重（chóng）酿的醇酒。

632. 鸽（鹞）子翻身。小心冀冀（翼翼）。鹞（yào）子：①雀鹰的通称。②纸鹞；风筝。鹞子翻身：武术、杂技身段的一种。谓身体悬空翻转，轻捷如鹞之旋飞。

633. 纂（篡）唐。纂：编辑。

634. 驻毕（跸）。驻跸（bì）：指帝王出行时沿途停留暂住。

635. 吟娥（哦）。

636. 铺成（陈）。

637. 负（付）费。负（付）费。

638. 槌（捶）衣。捶：用拳头或棒槌敲打。槌：名词。敲打用的棒。

639. 状（妆）罢。

640. 揖（辑）录本。揖（辑）录本。

33

641. 如"方老先生因为拒绝了本县汉奸的引诱,有家难归,而政府并没有给他什么名义,觉得他爱国而国不爱他,大有青年守节的嬬妇不见宠于翁姑的怨抑",将方遯翁的落泊和国家局势用男女之情喻之,颇具讽刺意味。

642. 那时,敌人在城乡,每天每夜在东、南、西、北各门杀害革命同志;农民武装在乡村,则每天每夜到处捕杀土豪及其走狗。挨户团有的被消灭,有的被冲散了,土豪劣绅则纷纷逃进县城。

643. 在部队里,大家都是胞泽,这里还有空的房间,头儿特地让我们给了你一个豪华套间呢!

644. 随着那叉子玎玲当啷掉落在船仓夹板上,一个懒洋洋的男声也漫不经心地响了起来,所有人的目光都被吸引了过去。眼角还梨花带雨等待厄运降临的漂亮女孩瞪大了眼睛看着救下自己的英雄。

645. 会议室里,同事们各书己见,纷纷发言,为公司的发展出谋划策。

646. 昨晚,黄丽在回家的路上遭遇车祸,不治身亡。恶噩传来,同事们一片默然,痛心不已。

647. 他原来供职的部门早在去年10月就已经拆销了。

648. 参加工作刚刚半年,他就能在部门独挡一面,处理事情井井有条,以后堪当大任。

649. 窗外北风呼啸,想起上个星期我还庸懒地躺在海南午后的阳光下,又忍不住一阵冲动,相约朋友再去一次海南。

650. 员工的招募与斟选不是一件容易的事,它关系着公司以后的生存和发展。

651. 昨天,省公安厅召开打黑除恶专项工作会议,要求全省公安机关迅速开展打黑除恶专项行动,力求达到黑恶必除,除恶勿尽。

652. 这件衣服做工粗燥,还有很多线头,根本就不值这个价。

653. 小时候我们喜欢上山捡茶籽,积起一背篓了,就去榨油,榨出来的油黑亮黑亮的,不像现在的精练植物油,清明透亮。

654. 离开家乡十多年，在异国他乡见到小时候的玩伴，激动不已，不由详细询问家乡情势，每一个人，每一棵树，甚至阿胜家的那条狗，都让我难以忘怀。
655. 他站在台上慷慨激昂地发言，脸上透漏着无比的自信。
656. 钟鸣行为举止大气，张胜却做事猥琐，常常纠结于一些小事，谁堪大任，一眼便知。
657. 昨天的爆炸是由于燃气泄露，导致 3 人死亡，17 人受伤，财产损失暂时难以估计。
658. 不能为了满足个人须要而损失集体利益，我们应舍小家为大家。
659. 室外阳光明媚，他依靠在阳台栏杆上，让阳光肆意洒落全身，享受这冬日的温暖。
660. 临床症状、体征完全消失，面部表情肌完全恢复，面部外观正常，眼脸闭合正常，额纹对称，鼓腮不漏气，口角无歪斜。
661. 他这样做的源由我们一定要知道吗？也许我们睁一只眼闭一只眼反而是对他最好的帮助。
662. 国庆节回老家，母亲告诉我说，你原来睡的那张床的棕棚坏了，现在都没有修补的人了，都睡席梦思了。

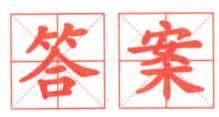

641. 孀（孀）妇。孀妇：寡妇。嬬(rú)：柔弱的样子。

642. 城乡（厢）。城厢：城内和城门外附近的地方。城乡：城市和乡村。"敌人在东、南、西、北门"当是在城厢，而不是城乡。

643. 胞（袍）泽。袍泽：指军队中的同事。

644. 船仓（舱）夹（甲）板上。卮（厄）运。舱：船、飞机等内部载人或装东西的部分。仓：仓房；仓库。卮(zhī)：古代盛酒的器皿。厄：这里指灾难、困苦。

645. 各书(抒)己见。抒：表达；发表。

646. 恶（噩）耗。噩：不吉利的。

647. 拆（撤）销

648. 独挡（当）一面。当（dāng）：掌管、主持。指单独担当一个方面的任务。

649. 庸（慵）懒。慵：困倦；没力气。

650. 斟（甄）选。甄：审查鉴定。斟：往杯子或碗里倒（酒、茶）。

651. 除恶勿（务）尽。务：务必。

652. 粗燥（糙）。

653. 精练（炼）。精炼：①提炼精华，除去杂质。②同"精练"。指文章或讲话扼要，没有多余的词句。这里当用"精炼"。

654. 情势（事）。情事：情况；现象。情势：事情的状况和发展的趋势。如"情势复杂"。

655. 透漏（露）。透露：①显露。②泄漏。透漏仅指泄漏。

656. 狠（委）琐。委琐：①指琐碎或拘泥于小节。②同"猥琐"。猥琐：（容貌、举动）庸俗不大方。

657. 泄露（漏）。泄漏：①（液体、气体等）漏出。②同"泄露"。泄露：不应该让人知道的事情让人知道了。

658. 须（需）要。需要：①应该有或必须有。②对事情的欲望或要求。须要：助动词。一定要。

659. 依（倚）靠。倚靠：身体靠在物体上。

660. 眼脸（睑）。眼睛周围能开闭的皮，边缘长着睫毛。通称眼皮。

661. 源（缘）由。缘由：原因。

662. 棕棚（绷）。绷(bēng)：这里指用藤皮、棕绳等编织成的床屉子。

附加题

663. 中国末代皇帝溥仪的英语教师庄士敦把孔子的思想带到中国,并广为传播。

664. 汉宣帝时,赵广汉出任颖川太守,他到任后,发现土豪劣绅结党营私,无人能治。

665. 永乐元年(1403)七月,明成祖命谢缙负责,开始编纂《永乐大典》。成祖在诏谕中确立了要不厌其烦,尽收天下之书的编书原则。

666. 鞑靼部活动在鄂嫩叶河、克鲁伦河和贝加尔湖一带;瓦剌部则占据科布多河、额尔齐斯河流域及其以南的准葛尔盆地。

667. 那时天下刚从战争中恢复过来,甚至还没有完全摆脱战争,天下的户口,有户数1065万户,有人口6054多口。

668. 从252年到262年,这10年间,很多人事都发生了变化。255年钟会进入司马集团的核心圈子,成了司马照眼前的红人;262年官居司隶校尉,可谓公务繁忙。

669. 中朝名士指的是西晋名士,因为相对东进而言,首都在中原,所以称中朝。

670. 当然,比较起来,板坦的身躯要粗壮一些,除了整齐的胡子,在年龄上也相差了20多岁,当林彪还在靠军旅生涯获得名声的时候,板坦早已是侵华日军参谋部专搞阴谋活动的老手了。

671. 卡夫东道:"根据稚尔塔协定和中苏条约,最高统帅部是不会同意你们进沈阳的。"

672. 这时候的西伯坡,军委作战室的空气可有点严肃了。

673. 元月16日,平清前线司令部司令员林彪、政委罗荣桓派人送给傅作义一份关于北平和平解放办法的公函。

674. 英国之所以能够如此准确地把握中国在政治、经济和地理上的弱点进行有效的攻击,是因为早在1793年马葛尔尼使节团来华时,就测量了从广东到勃海的海域,经由大运河回程时又清楚地把握了大运河作为经济动脉的重要性。

675. 明朝嘉庆三十三年(1554),中国沿海频频遭受倭寇侵扰,明朝廷多次派兵征讨都是以残败告终。

676. 当年的北洋政府是军阀政权,段棋瑞本人也是著名军阀,其执政时期的政治混乱颇受诟病。然而,当他知道政府卫队打死徒手请愿的学生之后,顿足长叹:"一世清名,毁于一旦!"随即赶到现场,面对死者长跪不起,并即刻命令严惩凶手。

677. 为迎请罗什,前秦皇帝符坚发动了与龟兹的战争。罗什被大将吕光掳掠,受尽戏弄,羁困凉州长达17年之久。

678. 1929年夏,中央军委秘书白鑫叛变,彭拜、杨殷等5人牺牲,任弼时被捕。

679. 龙柏掩映下,一座三四米高的石像跳入眼帘,宋教仁低头沉思,安祥而坐,基座上刻着章炳麟先生所题"渔夫"二字。

680. 柏拉图说:"给我一个支点,我可以撬动整个地球。"

681. 自唐以来,药山寺就是我国著名的佛教文化圣地,唐贞元初年(705),惟俨带着弘扬禅宗南宗的使命从南岳移居药山。

682. 韦陀,佛教的守护神。韦陀菩萨降魔杵的方向跟寺院的大小也有关系:如果韦陀杵扛在肩上,表示这个寺庙是大的寺庙,可以招待云游到此的和尚免费吃住三天;如果韦陀杵平端在手中,表示这个寺庙是中等规模寺庙,可以招待云游到此的和尚免费吃住一天;韦陀杵向下,则表示这个寺庙是小寺庙,不能招待云游到此的和尚免费吃住。

683. 北京故宫,旧称"紫金城",是我国现存最大最完整的古建筑群,是中国明、清两代24个皇帝的皇宫。

684. 谭延闿,字祖庵,又字祖安,今茶陵县高陇镇石床人。清光绪三十年(1904)会试第一,为会元,赐进士,授翰林院编修。

685. 武候祠位于成都市武候区,它是中国唯一的一座君臣合祀祠庙,也是全国影响最大的三国遗迹博物馆。

686. 简易的垃圾焚烧产生的二恶英远高于焚烧厂,国外的研究亦表明,1吨垃圾露天焚烧或在填埋场自燃排放的二恶英,是同量垃圾经过一体化焚烧排放的二恶英的几千倍。

687. 袁世凯见大势已去,被迫于1916年3月22日宣布取消帝制,命四川将军陈宦与蔡锷谈判议和,妄图退保总统地位。

688. 首先，蒋骥此说是建立在将《哀郢》"当陵阳之焉至兮"之"陵阳"视为地名的基础之上的，但此"陵阳"却并不是地名。

689. 大阪城位于新疆乌鲁木齐和吐鲁番之间，如今是乌鲁木齐市的一个市辖区。大阪城历史悠久，自古就是连接南北疆的咽喉之地。

690. 上海世博会迎来了新的镇馆之宝——秦陵一号铜车马，这件国宝级青铜之冠，出土于2200多年前，这是它30年来第一次走出秦俑博物馆。

691. 塑制不是用塑料来制作的意思，而是用乡土原料来塑造一些动植物形象，用来装饰在建筑物上，以达到增强建筑物艺术感染力的目的。塑制的原料主要是石灰。石灰掺少量纸精和水调合时，起初柔和而富有黏性，便于塑造各种物体的形象，凉干后硬化，日晒不裂，雨淋不溶，是传统塑制的好原料。

692. 刺猬和狼都属于国家三级保护动物。

693. 嘉佑年间，张方平管辖益都，结识苏洵后，他认为苏洵学识丰富，文章兼有左丘明、司马迁善叙事与贾谊明仁政的长处。

694. 髡残成长在改朝换代时期，政治上拒绝合作满清，艺术上主张纾发个性。

答 案

663. 带到中（英）国。

664. 颖（颍）川。

665. 谢（解）缙。解缙：明朝第一位内阁首辅。

666. 瓦剌（刺）。准葛（噶）尔。瓦剌(lá)：清代对西部蒙古各部的总称。

667. 6054（万）多口。有1065万户，不可能只有6054口。少了个"万"字。

668. 司马照（昭）。司马昭（211—265）：三国时期曹魏权臣，西晋王朝的奠基人之一。

669. 东进（晋）。

670. 板坦（垣）。板垣：板垣征四郎。策划"九一八事变"元凶，第二次世界大战甲级战犯之一。

671. 稚（雅）尔塔。雅尔塔协定：1945年初，世界反法西斯战争接近最后胜利，美、英、苏三国首脑在雅尔塔举行会议，会议签署了《雅尔塔协定》。

672. 西伯（柏）坡。

673. 平清（津）。平津战役：国共内战"三大战役"之一，1948年12月5日开始，1949年1月31日结束。林彪、罗荣桓、聂荣臻、刘亚楼指挥中国人民解放军东北野战军和华北军区部队共100万大军，以北平、天津为中心，以伤亡3.9万人的代价，消灭及改编国民党军13个军50个师共计52.1万人，解放了北平、天津在内的华北大片地区。

674. 勃（渤）海。

675. 嘉庆（靖）。残（惨）败。清朝有嘉庆年号。明朝只有嘉靖。

676. 段棋（祺）瑞。

677. 符（苻）坚。苻坚：十六国时期前秦的君主。

678. 彭拜（湃）。彭湃：我党老一辈无产阶级革命家、中国农民革命运动的先导者和著名的海陆丰苏维埃政权的创始人。

679. 渔夫（父）。宋教仁，中国民主革命家。字遯初，号渔父。渔夫：以捕鱼为业的男子。

680. 柏拉图（阿基米德）。显然不是柏拉图说的。

681. （705年）（应为785年）。

682. 韦陀均为韦驮。

683. 紫金（禁）城。可能由于南京的紫金山非常著名，所以"紫禁城"

被误写成"紫金城"。

684. 祖(组)庵。祖(组)安。

685. 武候(侯)祠。武候(侯)区。

686. 二恶(噁)英。二恶(噁)英。二恶(噁)英。

687. 陈宦(宣)。陈宦(1870-1939):湖北安陆人。1913年,通过政治拉拢、军事策反、经济收买等手段,帮助袁世凯镇压了各地的二次革命。1915年任四川将军。1916年和蔡锷护国军停战,宣布四川"独立",反对袁世凯称帝。

688. 哀邹(郢)。郢(yǐng):楚国的都城,在南郡江陵北十里,今湖北省江陵县附近。

689. 大阪(达坂)。大阪(达坂)。达坂:今乌鲁木齐市的一个市辖区。大阪是日本的一个城市。

690. 2200多年前(1980年)。秦陵一号铜车马出土的时间是1980年,而不是2200多年前。准确地说,2200多年前是它的入土时间。

691. 纸精(筋)。调合(和)。凉(晾)干。纸筋:用纸和水浸泡后打碎的纸碎浆。

692. "三级保护动物"应改成"二级保护动物"或"三有动物"。刺猬和狼属于国家二级保护动物。"三有动物"是指有益的和有重要经济、科学研究价值的陆生野生动物。

693. 嘉佑(祐)。嘉祐:宋朝只有嘉"祐"年间,没有嘉"佑"年间。

694. 鬓(髡)残。纾(抒)发。髡(kūn)残:清画家,本姓刘,明末遗民,入清为僧后名髡残。

近义词及易混淆词辨析

有些近义的或容易混淆的词或词组在本部分出现，如『目不见睫—目不交睫』和『鉴别—甄别』，你知道它们有什么区别吗？

A

安培—安瓿

安培　电流单位。

安瓿（bù）装注射剂用的密封的小玻璃瓶，用药时将瓶颈处弄破。

例：①（　）是一种密封的小瓶，常用的有直颈和曲颈两种。

②（　）是电流的国际单位。

安瓿 / 安培

岸然—黯然

岸然　严肃或高傲的样子。

黯然　心里不舒服、情绪低落的样子。

例：①因为被拒绝，小王不由（　）离去。

②他总是一副道貌（　）的样子。

黯然 / 岸然

爱怜—爱恋

爱怜　疼爱。

爱恋　热爱而难以分离。

例：①看着她冻得通红的脸，我不由（　）地望着她。

②他对我的（　），周围人都看得出来。

爱怜 / 爱恋

B

不止—不只

不止　超出某个数目或范围。

不只　不但；不仅。

例：①（　）我喜欢吃，他们两个也喜欢吃。

②他的手指头受了伤，流血（　）。

不只 / 不止

不仅—不禁

不仅　①表示超出某个数量或范围。②不但。

不禁　抑制不住；禁不住。

例：①望着股票指数往上蹿，人们都（　）笑起来。

②杜鹃花（　）可以用来观赏，而且还可以吃。

不禁 / 不仅

不祥—不详

不祥　不吉利。

不详　不详细；不清楚。

例：①他有一种（　）的预感。

②具体情况（　）。

不祥 / 不详

边疆—边境

边疆 靠近国界的领土。

边境 靠近边界的地方。

例：①中俄（　　）。

②（　　）建设者。

边境 / 边疆

本义—本意

本义 词语的本来意义，如"兵"的本义是武器，引申为战士（拿武器的人）。

本意 原来的意思或意图。

例：①他的（　　）如此。

②这个词的（　　）并不是这样。

本意 / 本义

本心—本性

本心 本来的心愿。

本性 原来的性质或个性。

例：①江山易改，（　　）难移。

②他的（　　）是想来这座城市工作的。

本性 / 本心

必须—必需

必须 ①表示事理上和情理上必要。②加强命令语气。

必需 一定要有；不可少。

例：①生活（　　）品。

②既然是你交给我的任务，我就（　　）把它做好。

必需 / 必须

包含—包涵

包含 里面含有。

包涵 客套话，请人原谅。

例：①他的话里（　　）有几层意思。

②招待不周，请多（　　）。

包含 / 包涵

把持—操纵

把持 ①独占位置、权力等。②控制（感情等）。

操纵 ①控制或开动机械、仪器等。②用不正当的手段支配、控制。

例：①（　　）朝政。

②他在背后（　　）选举。

把持 / 操纵

变易—变异

变易 改变；变化。

变异 ①同种生物世代之间或同代生物不同个体之间在形态特征、生理特征等方面表现出差异。②泛指跟以前的情况相比发生变化。

例：①遗传（　　）。

②我不是很清楚其中的（　　）。

变异 / 变易

表白—表露

表白 对人解释，说明自己的意思。

表露 流露；显示。

例：①他虽然愤怒，却没在脸上（　）出来。

②对于他的（　），她嗤之以鼻。

表露／表白

拜会—拜谒

拜会 拜访会见。

拜谒 ①拜见。②瞻仰。

例：①（　）炎帝陵。

②经过多日等待，他终于（　）了总统。

拜谒／拜会

背离—悖逆

背离 ①离开。②违背。

悖逆 指违反正道，犯上作乱。

例：①你这是（　）之罪，会受到严惩的。

②不能（　）良心做事。

悖逆／背离

稗官—裨将

稗（bài）官 古代的小官。

裨将 古代指副将。

例：①（　）野史。

②在旧小说中，（　）常指那些不入流的小将。

稗官／裨将

箅子—篦子

箅（bì）子：有空隙而能起间隔作用的器具，如蒸食物用的竹箅子，下水道口上挡住垃圾的铁箅子等。

篦（bì）子：用竹子制成的梳头用具。

暴发—爆发

暴发 ①突然发财或得势。②突然发作。

爆发 ①火山内部的岩浆突然冲破地壳，向外迸出。②突然发生。

例：①战争终于（　）了。

②山洪（　）。

爆发／暴发

被告—被告人

被告 在民事诉讼、行政诉讼中被起诉的公民、法人或其他组织及行政机关。

被告人 刑事诉讼中被起诉的人。

例：①（　）请起立。

②（　）一方为某政府机关。

被告人／被告

不以为然—不以为意

不以为然 不认为是对的，表示不同

意。

不以为意 不把它放在心上,表示不重视,不认真对待。

例:①他嘴上说对,心里却(　　　)。
②对于别人的冷言冷语,他从来就(　　　)。

不以为然 / 不以为意

不加思索—不假思索

不加思索 不加以思考。形容对事情不进行认真思考或不动脑筋。也形容说话办事敏捷、果断。

不假思索 用不着想,形容说话做事迅速。假:凭借;依靠。

例:①他(　　),迅速作出了正确选择。
②你也(　　),糊里糊涂答应了人家。

不假思索 / 不加思索

不温不火—不瘟不火

不温不火 不冷淡也不火爆,形容平淡适中。

不瘟不火 指表演既不沉闷也不过火。

例:①演唱会(　　　),没有什么特别的亮点。
②他的性格(　　　)。

不瘟不火 / 不温不火

C

长年—常年

长年 一年到头;整年。
常年 ①终年;长期。②平常的年份。
例:①他(　　)在外奔波。
②山顶上(　　)积雪。

长年 / 常年

仓黄—苍黄

仓黄 同"仓皇"。匆忙而慌张。
苍黄[1] 黄而发青;灰暗的黄色。
苍黄[2] 同"仓皇"。
例:①他的脸色(　　)。
②神色(　　)。

苍黄 / 仓黄

出生—出身

出生 胎儿从母体中分离出来。
出身 个人早期的经历或由家庭经济情况属于某阶层。
例:①他是工人家庭(　　)。
②他1997年(　　)于长沙。

出身 / 出生

处世—处事

处世 在社会上活动,跟人往来相处。
处事 处理事务。
例：①他（　）自有一套方法。
②他为人（　）比较圆滑。
处事 / 处世

次序—秩序
次序 事物在时间或空间上排列的先后。
秩序 有条理、不混乱的情况。
例：①请大家遵守（　）。
②排好队，按（　）来。
秩序 / 次序

成规—陈规
成规 现成的或久已通行的规则、方法。
陈规 已经不适用的规章制度。
例：①那些（　）可以废除了。
②墨守（　）。
陈规 / 成规

迟缓—弛缓
迟缓 缓慢；不迅速。
弛缓（局势、气氛、心情等）和缓。
例：①等情势稍微（　），再决定行程。
②他行动（　），走不快。
弛缓 / 迟缓

传诵—传颂
传诵 辗转传布诵读。
传颂 辗转传布颂扬。
例：①他见义勇为的行为被人们广泛（　）。
②这篇文章被人们（　）一时。
传颂 / 传诵

侧身—厕身
侧身 ①（向旁边）歪斜身体。②同"厕身"。
厕身 参与；置身。
例：①（　）其中。
②他（　）过来，从桌上拿下杯子。
厕身 / 侧身

草率—轻率
草率 做事不认真，敷衍了事。
轻率（说话、做事）随随便便，没有经过慎重考虑。
例：①他做事（　），不负责任。
②说话不能太（　）了，以免引起纠纷。
草率 / 轻率

查看—察看
查看 检查、观察（事物的情况）。
察看 ①为了解情况而细看。②对犯错误的人的一种处分。

例：①因为和同学打架，他被给予留校（　）的处分。
②（　）灾情。
察看／查看

粗砺—粗粝

粗砺　粗糙。
粗粝　①糙米。②粗糙。
例：①今天的米饭太（　）了。
②石头（　）。
粗粝／粗砺

窜改—篡改

窜改　改动（成语、文件等）。
篡改　用作伪的手段改动或曲解（理论、政策等）。
例：①趁人不在，他（　）公司文件。
②不能（　）政策。
窜改／篡改

翠微—崔嵬—崔巍

翠微　①青绿的山色。②泛指青山。
崔嵬　①有石头的土山。②高大；高峻。
崔巍　（山、建筑物）高大雄伟。
例：①帝子乘风下（　）。
②那座建筑十分（　），气势不凡。
③山岭（　）。
翠微／崔巍／崔嵬

糟糕—糟糕

糟糕　用模子制成的各种形状的蛋糕。
糟糕　指事情、情况坏得很。
例：①（　），我把手机忘在家里了。
②呼和浩特市的小（　）也叫槽子糕。
糟糕／糟糕

D

抵消—抵销

抵消 两种事物的作用因相反而互相消除。

抵销 冲抵勾销。

例：①他的债务已经（　）。

②互相（　）。

抵销／抵消

独力—独立

独力 单独依靠自己的力量。

独立 ①脱离原来所属单位，成为另一单位。②一个国家或一个政权不受别的国家或政权的统治而自主地存在。③不依靠他人。

例：①宣布国家（　）。

②（　）支撑。

独立／独力

顿时—登时

顿时 立刻（多用于叙述过去的事情）。

登时 立刻。

例：①（　）出发。

②消息传来，人们（　）欢呼起来。

登时／顿时

等分—等份

等分 把物体分成相等的若干部分。

等份 分成的数量相等的份儿。

例：①把苹果分成三（　）。

②（　）线段。

等份／等分

登陆—登录

登陆 ①渡过海洋或江河登上陆地，特指作战的军队登上敌方的陆地。②比喻商品打入某地市场。

登录 ①登记。②指计算机用户输入用户名和密码，以取得计算机网络系统的认可。

例：①诺曼底（　）。

②（　）网站。

登陆／登录

提防—堤防

提防 小心防备。

堤防 堤。

例：①（　）小人。

②巡视（　）。

提防／堤防

鼎力—鼎立

鼎力 大力。

鼎立 三方面的势力对立。
例：①三国（　　）。
②（　　）相助。
鼎立 / 鼎力

电介质—电解质
电介质：不导电的物质，如干燥的空气、玻璃等。
电解质：在水溶液中或在熔融状态下能形成离子，因而能导电的化合物。如食盐、硫酸等。

讹传—讹舛
讹传　①错误地转述。②错误的传说。
讹舛（文字）错误；舛误。
例：①这篇文章（　　）不少。
②消息被（　　），弄得人心惶惶。
讹舛 / 讹传

F

飞红—绯红

飞红 ①状态词。(脸)很红。②(脸)很快变红。

绯红 状态词。鲜红。

例：①（　）的晚霞。

②听到这句话，她（　）了脸。

绯红 / 飞红

分子—份子

分子 属于一定阶级、阶层、集团或具有某种特征的人。

份子 ①合伙送礼时各人分摊的钱。②泛指做礼物的现金。

例：①他出生于知识（　）家庭。

②算算我该出多少（　）钱。

分子 / 份子

分辩—分辨

分辩 辩白。

分辨 辨别。

例：①（　）是非。

②你已经做错了事，不用（　）。

分辨 / 分辩

分寸—方寸

分寸 说话或做事的适当限度。

方寸 ①平方寸。②指人的内心。

例：①听见这消息，他不禁（　）大乱。

②说话要有（　）。

方寸 / 分寸

丰采—风采

丰采 美好的风度神采。

风采 ①风度神采。②文采。

例：①这篇文章别具（　）。

②（　）依旧。

风采 / 丰采（风采）

伏法—服法

伏法（犯人）被执行死刑。

服法（犯人）服从判决。

例：①他已经（　），决心改过自新。

②死刑犯已经（　）。

服法 / 伏法

防范—防患

防范 防备；戒备。

防患 防止祸患。

例：①（　）于未然。

②对有可能发生的不利情况加强（　）。

防患 / 防范

妨害—妨碍

妨害　有害于。
妨碍　使事情不能顺利进行；阻碍。
例：①吸烟（　　）健康。
②不得（　　）执行公务。
妨害／妨碍

肤浅—浮浅

肤浅（学识）浅；（理解）不深。
浮浅　浅薄；肤浅。
例：①他是一个（　　）小子。
②我对戏曲的了解很（　　）。
浮浅／肤浅

废除—废黜

废除　取消；废止。
废黜　①罢免；革除（官职）。②取消王位或废除特权地位。
例：①（　　）条约。
②国王已被（　　）。
废除／废黜

复员—复原

复员　①武装力量和一切经济、政治、文化等部门从战时状态转入和平状态。②军人因服役期满或战争结束等原因而退出现役。
复原　①病后恢复健康。②恢复原状。
例：①出院后，他身体（　　）很快。
②两年前,他已经从部队（　　）回家。

复原／复员

复议—附议

复议　对已做决定的事再做一次讨论。
附议　同意别人的提议，作为共同提议人。
例：①小王提议刘志为编辑部主任，我（　　）。
②对于上次决定了的事情，我申请（　　）。
附议／复议

菲菲—霏霏

菲菲　花草茂盛、美丽。
霏霏　（雨、雪）纷飞；（烟、云等）很盛。
例：①细雨（　　）。
②芳草（　　），美景如画。
霏霏／菲菲

符合—契合

符合（数量、形状、情节等）相合。
契合　①符合。②合得来；意气相投。
例：①他各方面条件（　　）我们的招聘要求。
②感情（　　）。
符合／契合

翻阅—翻越

翻阅 翻着看（书籍、文件等）。

翻越 越过；跨过。

例：①（　）文件。

②我们用一天时间（　）了一座大山。

翻阅 / 翻越

G

勾通—沟通

勾通 暗中串通；勾结。

沟通 使双方能连通。

例：①（　）意见。

②暗中（　）。

沟通 / 勾通

公正—公证

公正 公平正直，没有偏私。

公证 被授以权力的机关根据当事人的申请，依照法定程序对某一法律行为或具有法律意义的事实、文件确认其真实性和合法性的活动。

例：①婚前财产（　）。

②做事要公平（　）。

公证 / 公正

关门—关张

关门 ①关上门，比喻不愿容纳。②指停业。③指最后的。

关张 指商店等停止营业或倒闭。

例：①（　）弟子。

②商店已经（　）。

关门 / 关张（关门）

光景—光影

光景 ①风光景物。②境况；状况；情景。

光影 ①太阳的光辉。②光阴；时光。③阳光照射下形成的阴影。

例：①看这（　），可能一时半会儿还做不完。

②我拍照的时候，比较讲究构图和（　）。

光景 / 光影

过度—过渡

过度 超过适当的限度。

过渡 事物由一个阶段或一种状态逐渐发展变化而转入另一个阶段或另一种状态。

例：①不要（　）消耗体力。

②（　）时期。

过度 / 过渡

共同—共通

共同 ①属于大家的；彼此都有的。②大家一起（做）。

共通 通行于或适用于各方面的。

例：①（　）的道理。

②（　）财产。

共通 / 共同

贡品—供品

贡品 古代臣民或属国献给帝王的物品。

供品 供奉神佛、祖宗用的瓜果酒食等。

例：①这是给皇帝的（　）。

②寺庙里的（　）。

贡品 / 供品

苟合—媾和

苟合 ①苟且迎合。②不正当地结合（指男女间）。

媾和 交战国缔结和约，结束战争状态。也指一国之内交战团体达成和平协议，结束战争。

例：①他俩（　）在一起。

②经过多年战争，两国终于（　），迎来和平。

苟合 / 媾和

规范—轨范

规范 ①约定俗成或明文规定的标准。②合乎规范。③使合乎规范。

轨范 行为所遵行的标准。

例：①示人主以（　）。

②为了提升公司形象，必须（　）着装。

轨范 / 规范

国是—国事

国是 国家大计。
国事 ①国家大事。②国家之间的事务。
例：①关心（　　）。
②共商（　　）。
国事 / 国是

怪癖—乖僻
怪癖 古怪的癖好。
乖僻 怪僻；乖戾。
例：①他有个（　　），让人不能理解。
②他这人有点（　　）。
怪癖 / 乖僻

鬼怪—诡怪
鬼怪 鬼和妖怪。
诡怪 奇异怪诞。
例：①行事（　　）。
②他从来就不怕什么（　　）。
诡怪 / 鬼怪

挂冠—挂靴
挂冠 把官帽挂起来，比喻辞去官职。
挂靴 把靴子挂起来，指足球、滑冰、田径等运动员退役。
例：①他辞掉官职，（　　）而去。
②踢了多年足球，他决定今年（　　），转行开公司。
挂冠 / 挂靴

贯注—灌注
贯注 ①（精神、精力）集中。②（语意、语气）连贯；贯穿。
灌注 浇进；注入。
例：①准备进行水泥（　　）了。
②全神（　　）。
灌注 / 贯注

哽咽—哽噎
哽咽 哭时不能痛快地出声。
哽噎 ①食物堵住食管，难以下咽。②哽咽。
例：①因为吃得太急，一时（　　）住了。
②听闻噩耗，他（　　）不已。
哽噎 / 哽咽

顾及—顾忌
顾及 照顾到；注意到。
顾忌 恐怕对人或对事情不利而有顾虑。
例：①对不起，没（　　）到你的感受。
②（　　）太多，反而难以成功。
顾及 / 顾忌

雇用—雇佣
雇用 出钱让人为自己做事。
雇佣 用货币购买劳动力。
例：①因为工厂要扩张，他们准备大量（　　）工人。

②（　）兵。

雇用／雇佣

隔膜—膈膜

隔膜 ①隔阂。②情意不相通，彼此不了解。

膈膜 膈的旧称。人或哺乳动物胸腔和腹腔之间的膜状肌肉。

例：①好久不见，我们之间仿佛产生了（　）。

②横（　）。

隔膜／膈膜

感情—敢情

感情 对人或事物关切、喜爱的心情。

敢情 ①表示发现原来没有发现的情况。②表示情理明显，不必怀疑。

例：①他确定能来，那（　）好！

②我们的（　）久经考验。

敢情／感情

鼓惑—蛊惑

鼓惑 鼓动使迷惑；鼓动诱惑。

蛊惑 毒害使迷惑。

例：①即使他巧舌如簧，也（　）不了我们。

②他被邪教所（　），陷入万劫不复之地。

鼓惑／蛊惑

寡居—鳏居

寡居 守寡。

鳏(guān)居 独自无妻室。

例：①二十年前妻子因病去世，他就开始（　）生活，没有再找。

②自从丈夫死后，她一直（　）。

鳏居／寡居

各司其事—各行其是

各司其事 各自管好、做好自己的本职工作。

各行其是 各自按照自己以为对的去做。

例：①为了部门的发展，应抱成一团，不能（　）。

②请大家（　），为公司的发展共同努力。

各行其是／各司其事

H

火坑—火炕

火坑 比喻极端悲惨的生活环境。

火炕 设有烟道，可以烧火取暖的炕。

例：①冬天的时候，睡在（　）上真是舒服。

②从此跳出（　），过上幸福的日子。

火炕 / 火坑

化妆—化装

化妆 用脂粉等使容貌美丽。

化装 ①改变装束、容貌；假扮。②演员为了适合所扮演的角色的形象而修饰容貌。

例：①为了不被熟人发现，他（　）前行。

②她喜欢（　），认为能悦人悦己。

化装 / 化妆

伐子—筏子

伐子 用桨拨水行驶的小船。

筏子 水上行驶的竹排或木排，也有用牛皮、羊皮、橡胶等制造的。如"羊皮筏子"。

合龙—合拢

合龙 修筑堤坝或桥梁等从两端施工，最后在中间接合。

合拢 合到一起，闭合。

例：①大桥（　）。

②他把桌上的书本（　）。

合龙 / 合拢

合页—活页

合页 由两片金属构成的铰链。也作"合叶"。

活页 书页等不装订成册，可以随意分合的。

例：①我做了个新柜子，需要买几个（　），把门装上去。

②我喜欢（　）笔记本，写字时方便些。

合页 / 活页

合议—和议

合议 共同商议。

和议 交战双方关于恢复和平的谈判。

例：①我们（　）一下再决定。

②交战双方达成（　）。

合议 / 和议

花俏—花哨

花俏 俏丽。

花哨 ①花样多；变化多。②颜色鲜艳多彩。
例：①鼓点子敲得又响亮又（　）。
②她穿上这件衣服显得又（　）又年轻。
花哨 / 花俏

宏大—洪大

宏大　巨大；宏伟。
洪大（声音等）大。
例：①规模（　）。
②（　）的回声。
宏大 / 洪大

和解—谅解

和解　不再争执或仇视，归于和好。
谅解　了解实情后原谅或消除意见。
例：①经过一段时间的冷战，两人最终（　）。
②知道事出有因后，他最终（　）了她。
和解 / 谅解

诨话—浑话

诨话　开玩笑的话。
浑话　不讲道理的话；混账话。
例：①混账东西，竟出说这种（　）来！
②三五好友聚在一起，喝喝小酒，说说（　）。
浑话 / 诨话

洪亮—洪量

洪亮（声音）大；响亮。
洪量　①宽宏的气量。②大的酒量。
例：①他很会喝酒，在朋友中是著名的（　）。
②声音（　）。
洪量 / 洪亮

厚谊—厚意

厚谊　深厚的情谊。
厚意　深厚的情意。
例：①深情（　）。
②多谢各位的（　）。
厚谊 / 厚意

昏聩—昏愦

昏聩　眼花耳聋，形容头脑糊涂，不明是非。
昏愦　①头脑昏乱，神智不清。②愚昧；糊涂。
例：①（　）无能。
②他已经（　），分不清谁是他的妻子了。
昏聩 / 昏愦

皇皇—惶惶—煌煌

皇皇 ①形容堂皇，盛大。②同"惶惶"。

惶惶 恐惧不安。

煌煌 形容明亮。

例：①人心（　　）。

②众星（　　）。

③（　　）巨著。

惶惶 / 煌煌 / 皇皇

哄然—轰然

哄然 形容许多人同时发出声音。

轰然 形容声音大。

例：①舆论（　　）。

②建筑物（　　）倒塌。

哄然 / 轰然

涣然—焕然

涣然 形容嫌隙、疑虑、误会等完全消除。

焕然 形容有光彩。

例：①（　　）冰释。

②公司面貌（　　）一新。

涣然 / 焕然

唬人—糊弄

唬人 虚张声势、夸大事实来吓人或蒙混人。

糊弄 ①欺骗；蒙混。②将就。

例：①他那些伎俩是用来（　　）的，不要被他吓着了。

②你（　　）得了谁？我们都有自己的判断。

唬人 / 糊弄

缓和—缓解

缓和 ①（局势、气氛等）和缓。②使和缓。

缓解 ①剧烈、紧张的程度有所减轻；变缓和。②使缓解。

例：①交通拥堵状况暂时得到（　　）。

②局势变得（　　）。

缓解 / 缓和

赫然—赧然

赫然 ①形容令人惊讶或引人注目。②形容大怒。

赧（nǎn）然 形容难为情的样子。

例：①（　　）一笑。

②（　　）在目。

赧然 / 赫然

霍然—豁然

霍然 ①突然。②形容疾病迅速消除。

豁然 形容开阔或通达。

例：①（　　）开朗。

②（　　）一亮。

豁然 / 霍然

207

活生生—活脱脱

活生生 实际生活中的；发生在眼前的。

活脱脱 （相貌、举止）跟一个模子里出来似的，表示十分想像。

例：①（ ）的事实。
②他俩（ ）一个样子。

活生生 / 活脱脱

节余—结余

节余 ①因节约而剩下。②指节余的钱或东西。

结余 ①结算后余下。②结算后余下的钱、物等。

例：①一算账，每月都有（ ）。
②个子小，能（ ）不少布料。

结余 / 节余

纠葛—纠缠

纠葛 纠缠不清的事情；纠纷。

纠缠 ①绕在一起。②搅扰；找人的麻烦。

例：①别再（ ）了。
②我和他之间有过（ ）。

纠缠 / 纠葛

决议—决意

决议 经一定会议讨论通过的决定。

决意 拿定主张；决计。

例：①通过（ ）。
②我（ ）明天就出发。

决议 / 决意

机体—肌体

机体　具有生命的个体的统称，包括植物和动物，如最低等最原始的单细胞生物体、最高等最复杂的人体。也叫有机体。

肌体　指身体，也用来比喻组织机构。

例：①维护人的（　）的酸碱平衡。

②生物有（　）。

肌体 / 机体

坚忍—坚韧

坚忍　（在艰苦困难的情况下）坚持而不动摇。

坚韧　坚固有韧性。

例：①材质（　）。

②（　）不拔。

坚韧 / 坚忍

坚苦—艰苦

坚苦　坚忍刻苦。

艰苦　艰难困苦。

例：①那一段日子他过得很（　）。

②进行（　）的斗争。

艰苦 / 坚苦

局促—拘束

局促　①狭小。②（时间）短促。③拘谨不自然。

拘束　①对人的言语行动加以不必要的限制；过分约束。②过分约束自己，显得不自然。

例：①一天时间做准备太（　），恐怕还要多两天。

②她见了陌生人总显得有点儿（　）。

局促 / 拘束

拘役—拘留

拘役　短期（一般为一个月以上六个月以下）剥夺犯罪人自由并关押在一定场所，是一种刑罚。

拘留　公安或司法机关依法对特定的人在一定时间内限制其人身自由，是一种强制性措施或处罚。

例：①行政（　）。

②判处（　）三个月，并处罚金4000元。

拘留 / 拘役

卷曲—蜷曲

卷曲　①弯曲。②使弯曲。

蜷曲　弯曲（多用于人或动物的肢体）。

例：①使头发（　）。

②两腿（　）。

卷曲 / 蜷曲

径自—径直

径自　表示自己直接行动。

径直 ①表示直接向某处前进,不绕道,不在中途耽搁。②表示直接进行某件事,不在事前费周折。
例:①吃完饭后,他也不和众人告别,( )离去。
②客车( )开往目的地。
径自 / 径直

界线—界限
界线 ①两个地区分界的线。②不同事物的分界。③某些事物的边缘。
界限 ①不同事物的分界。②尽头处;限度。
例:①划清( )。
②标出房基地( )。
界限 / 界线

既而—继而
既而 用在全句或下半句的开头,表示上文所说的情况或动作发生之后不久。
继而 表示紧随在某一情况或动作之后。
例:①他们开始一愣,( )一拥而上。
②话音刚落不久,( )话锋一转。
继而 / 既而

结合—接合
结合 ①人或事物间发生密切联系。

②指结为夫妻。
接合 连接使合在一起。
例:①理论( )实际。
②城乡( )部。
结合 / 接合

赆仪—赙仪
赆(jìn)仪 送行的礼物。
赙(fù)仪 向办丧事的人家送的礼。
例:①父亲不幸去世,他明确表示一律不收( )。
②临行前,他收到了不少( )。
赙仪 / 赆仪

建言—谰言
建言 提出建议;陈述主张或意见。
谰言 诬赖的话;没有根据的话。
例:①无耻( )。
②众人争论不休,他( )道:"我们还是要按规章办事。"
谰言 / 建言

建制—建置
建制 机关、军队的组织编制和行政区划等制度的总称。
建置 ①建立;设置。②设施。③设置的机构。
例:①成( )划转。
②( )完备。

建制／建置

饯行—践行

饯行 设酒食送行。

践行 实行；实践。

例：①（　）科学发展观。

②他就要调走了，我们准备晚上为他（　）。

践行／饯行

奖借—奖掖

奖借 勉励推许。

奖掖 奖励提拔。

例：①（　）后进。

②（　）太过，我怕辜负了你的好意。

奖掖／奖借

积聚—集聚

积聚 积累。

集聚 集合；聚合。

例：①人们（　）在一起。

②他（　）了不少钱。

集聚／积聚

寄予—寄寓

寄予 ①寄托。②给予（同情、关怀等）。

寄寓 ①寄居。②把理想、希望、感情等放在(某人身上或某种事物上)。

例：①这篇小说（　）了作者浓浓的思乡情怀。

②（　）希望。

寄寓／寄予

拳拳—眷眷

拳拳 形容恳切。

眷眷 念念不忘；依恋不舍。

例：①（　）之情。

②（　）之心不可忘。

眷眷／拳拳

简洁—简捷

简洁 （说话、行文等）简明扼要，没有多余的内容。

简捷 ①直截了当。②简便快捷。

例：①他的文笔十分（　）。

②他的动作（　）清楚。

简洁／简捷

旌旗—锦旗

旌旗 各种旗子。

锦旗 用彩色绸缎制成的旗子，授给竞赛或生产劳动中的优胜者，或者送给团体或个人表示敬意、谢意等。

例：①为感谢他的助人为乐，我们给他送了一面（　）。

②广场上（　）招展。

锦旗／旌旗

鉴别—甄别

鉴别　辨别（真假好坏）。

甄别　①审查辨别（优劣、真伪）。②考核鉴定（能力、品质等）。

例：①（　　）字画。

②对他所说的话要仔细（　　），不要被他的假话迷惑了。

鉴别 / 甄别

截止—截至

截止　（到一定期限）停止。

截至　截止到（某个时候）。

①（　　）9月10日，已有91人投递简历。

②报名已于昨天（　　）。

截至 / 截止

精制—精致

精制　在粗制品上加工；精工制造。

精致　精巧细致。

例：①这件工艺品非常（　　）。

②（　　）家具。

精致 / 精制

精减—精简

精减　经过挑选，去掉或减少不必要的。

精简　去掉不必要的，留下必要的。

例：①（　　）人员。

②（　　）机构。

精减 / 精简

叽叽喳喳—喊喊喳喳

叽叽喳喳　形容杂乱细碎的声音。

喊喊喳喳　形容细碎的说话声。

例：①只听见窗外（　　）的说话声。

②小鸟（　　）地叫着。

喊喊喳喳 / 叽叽喳喳

K

开手—开首

开手 ①离手。②开始学武。③请人办事的酬劳。④开始动手。

开首 开始；起头。

例：①老魏原来是教他（　）的师父。

②（　）就说了这句话。

开手 / 开首

可望—渴望

可望 可以指望；有希望。

渴望 迫切地希望。

例：①（　）和平。

②商店（　）于下星期一重新开张。

渴望 / 可望

考问—拷问

考问 为考查对方而提问。

拷问 拷打审问。

例：①刚见面，就被他一番（　）。

②对犯人进行严刑（　）。

考问 / 拷问

夸示—夸饰

夸示 向人吹嘘或展示（自己的东西、长处等）。

夸饰 夸张地描绘。

例：①文笔朴实，没有一点儿（　）。

②他老是喜欢向人（　）自己新买的东西。

夸饰 / 夸示

克服—克复

克服 ①战胜或消除（缺点、错误、坏现象、不利条件等）。②克制；忍受（困难）。

克复 经过战斗而夺回（被敌人占领的地方）。

例：①（　）一切困难。

②经过血战，终于（　）了失去的阵地。

克服 / 克复

旷废—旷费

旷废 耽误；荒废。

旷费 浪费。

例：①这座农场已经（　）多时。

②（　）大好时光。

旷废 / 旷费

空当—空档—空挡

空当 空隙。

空档 ①尚未占用的档期。②某种物资短缺的时间段。

213

空挡 汽车或其他机器上，当从动齿轮与主动齿轮分离时机器的状态。
例：①汽车下坡时千万不能挂（　）。
②趁这（　）喝口茶。
③他这段时间比较忙，还排不出（　）来。

空挡 / 空当 / 空档

狂言—诳语
狂言 狂妄的话。
诳语 骗人的话。
例：①出家人不打（　）。
②他经常口出（　）。

诳语 / 狂言

看中—看重
看中 经过观察，感觉合意。
看重 很看得起；看得很重要。
例：①他（　）了一款西装。
②谢谢你很（　）我。

看中 / 看重

辽阔—寥阔
辽阔 广阔；宽广。
寥阔 ①空旷；广远。②渺茫；稀少。
例：①长天（　）。
②（　）大地。

寥阔 / 辽阔

历代—历届
历代 ①过去的各个朝代。②过去的许多世代。
历届 属性词。过去各届的。
例：①（　）毕业生。
②（　）名人名言。

历届 / 历代

厉害—利害
厉害 ①难以对付或忍受；剧烈。②严厉。
利害 利益和损害。
例：①彼此没有（　）关系。
②他很（　），我们都不愿和他交往。

利害 / 厉害

龙头—笼头

龙头 ①自来水管的放水活门。②自行车的把。③比喻带头的、起主导作用的事物。④江湖上称帮会的头领。

笼头 套在骡马等头上的东西，用皮条或绳子做成。

例：①新买了一个水（　　）。

②给马套上（　　）。

龙头／笼头

冷厉—凛冽

冷厉 冷峻严厉。

凛冽 刺骨地寒冷。

例：①目光（　　）。

②寒风（　　）。

冷厉／凛冽

吝啬—吝惜

吝啬 过分爱惜自己的财物，当用不用或当给的舍不得给。

吝惜 过分爱惜，舍不得拿出（自己的东西或力量）。

例：①她很（　　），即使自己用不着的东西也不会给别人。

②他做事从不（　　）自己的力气。

吝啬／吝惜

罗织—罗致

罗织 虚构罪状，陷害无辜的人。

罗致 延聘；搜罗（人才）。

例：①（　　）人才。

②（　　）罪状。

罗致／罗织

虏获—掳掠

虏获 俘虏敌人，缴获武器。

掳掠 掳夺。

例：①这一仗（　　）不少敌人和武器。

②奸淫（　　）。

虏获／掳掠

流失—流逝

流失 ①指自然界的矿石、土壤自己散失或被水、风力带走，也指河水等白白地流掉。②泛指有用的东西流散失去。③比喻人员离开本地或本单位。

流逝 像流水一样消逝。

例：①时光（　　）。

②水土（　　）。

流逝／流失

流利—流丽

流利 ①话说得快而清楚。②灵活；不凝滞。

流丽 （诗文、书法等）流畅而华美。

例：①来中国两年多，他的中文已经说得非常（　　）了。

②他的文笔很是（　　）。

流利 / 流丽

②溪水（　　）。

鳞波 / 潋滟

留传—流传

留传　遗留下来传给后代。

流传　传下来或传播开。

例：①这是他祖辈（　　）下来的东西。

②孔融让梨的故事一直（　　）到今天。

留传 / 流传

恋恋不舍—念念不忘

恋恋不舍　形容舍不得离开。

念念不忘　牢记在心，时刻不忘。

例：①这件事已经过去两年多了，他还是（　　）。

②望着家门，他（　　），一步一回头。

念念不忘 / 恋恋不舍

留念—留恋

留念　留作纪念。

留恋　不忍舍弃或离开。

例：①他对这座城市（　　）不已。

②毕业的时候，他送了一本笔记本给我作为（　　）。

留恋 / 留念

领取—聆取

领取　取（多指经过一定手续）。

聆取　听取。

例：①（　　）物资。

②（　　）多方意见。

领取 / 聆取

潋滟—鳞波

潋滟　形容水清。

鳞波　像鱼鳞一样的波纹。

例：①一眼望去，（　　）荡漾。

M

毛贼—蟊贼

毛贼 对盗贼的蔑称。

蟊贼 危害人民或国家的人。

例：①他们原来是剪径的（　）。

②他就是一窃国的（　）。

毛贼／蟊贼

毛糙—毛躁

毛糙 粗糙；不细致。

毛躁 ①（性情）急躁。②不沉着；不细心。

例：①他性情很（　）。

②他干活总是很（　）。

毛躁／毛糙

目标—觇标

目标 ①射击、攻击或寻求的对象。②想要达到的境地或标准。

觇（chān）标 一种测量标志，标架上有几米到几十米高，用木料或金属制成。

例：①（　）插上地球之巅，峰顶测量紧张进行。

②奋斗（　）。

觇标／目标

弥漫—迷漫

弥漫 （烟尘、雾气、水等）充满；布满。

迷漫 漫天遍野，茫茫一片，看不分明。

例：①树林里烟雾（　），根本看不清路。

②房子里烟雾（　）。

迷漫／弥漫

面巾—面筋

面巾 洗脸的布；毛巾。

面筋 食品，用面粉加水拌和，洗去其中所含的淀粉，剩下的混合蛋白质就是面筋。

例：①我洗脸喜欢用厚一点的（　）。

②这（　）味道很地道。

面巾／面筋

面市—面世

面市 （产品）开始供应市场。

面世 指作品、产品与世人见面。

例：①一种新型手机即将（　）。

②经过近一年创作，他的小说终于（　）了。

面市／面世

面首—黔首

217

面首　指供贵妇人玩弄的美男子。
黔首　古代称老百姓。
例：①（　）其实就是小白脸，专吃软饭。
②焚百家之言，以愚（　）。
面首 / 黔首

勉力—勉励

勉力　努力；尽力。
勉励　劝人努力；鼓励。
例：①（　）为之。
②互相（　）。
勉力 / 勉励

曼延—蔓延—漫延

曼延　连绵不断。
蔓延　像蔓草一样向周围扩展。
漫延　①水向周围扩展。②曼延。
例：①洪水开始（　）。
②曲曲弯弯的小路向远处（　）。
③火势逐渐（　）开来。
漫延 / 曼延 / 蔓延

谩骂—漫骂

谩骂　用轻慢、嘲笑的态度骂。
漫骂　乱骂。
例：①他搞不清谁在背后使坏，对着众人一顿（　）。
②他从心里看不起小王，忍不住就（　）起来。
漫骂 / 谩骂

目不见睫—目不交睫

目不见睫　眼睛看不见自己的睫毛。比喻见远而不能见近，也比喻看不见自己的过失，缺乏自知之明。
目不交睫　形容夜间不睡觉或睡不着觉。
例：①他整个晚上（　），思绪纷纷。
②做事不能（　），只图眼前，不看长远。
目不交睫 / 目不见睫

N

宁靖—宁静

宁靖（地方秩序）安定。

宁静（环境、心情）安静。

例：①夜深了，周围一片（　）。

②和平（　）。

宁静 / 宁靖

年青—年轻

年青　处在青少年时期。

年轻　①年纪不大（多指十几岁至二十几岁）。②年纪比相比较的对象小。

例：①我比她（　）。

②（　）一代。

年轻 / 年青

南竹—楠木

南竹　毛竹。

楠木　①常绿乔木，叶子椭圆形或长披针形，表面光滑，背面有软毛，花小，绿色，浆果蓝黑色。②这种植物的木材。

例：①（　）是一种贵重的建筑材料。

②（　）又名毛竹，生长快，适应性强。

楠木 / 南竹

O

偶合—耦合

偶合　无意中恰巧相合。

耦合　物理学上指两个或两个以上的体系或两种运动形式间通过相互作用而彼此影响以至联合起来的现象。

例：①我俩的想法纯粹是（　），事先并没有商量。

②这种（　）关系在电学里面经常存在。

偶合 / 耦合

P

平衡—衡平

平衡 ①对立的各方面在数量或质量上相等或相抵。②几个力同时作用在一个物体上，各个力互相抵消，物体保持相对静止状态、匀速直线运动状态或绕轴匀速转运状态。③使平衡。

衡平 公平。法律用语。

例：①司法（　）。

②（　）各方势力。

衡平 / 平衡

扑杀—捕杀

扑杀（成批地）杀灭或消除。

捕杀 捕捉并杀死。

例：①（　）病禽。

②不能随便（　）野生动物。

扑杀 / 捕杀

评介—评价

评介 评论介绍。

评价 ①评定价值高低。②评定的价值。

例：①新书（　）。

②公司领导对他的（　）很高。

评介 / 评价

批阅—披阅

批阅 阅读并加以批示或批改。

披阅 披览；阅读。

例：①老师正在（　）学生作业。

②（　）文章。

批阅 / 披阅

品行—品性

品行 有关道德的行为。

品性 品质性格。

例：①（　）敦厚。

②他一贯（　）端正。

品性 / 品行

品位—品味

品位 ①指官吏的品级；官阶。②矿石中有用元素或有用矿物含量的百分率，百分率越大，品位越高。③泛指人或事物的品质、水平。

品味 ①尝试滋味；品尝。②仔细体会；玩味。③品质和风味。④格调和趣味。

例：①仔细（　）。

②这种矿石的（　）还是比较高的。

品味 / 品位

排挡—排档

排挡 汽车、拖拉机等用来改变牵引力的装置,用于改变行车速度或倒车。

排档 设在路旁、广场上的成列的售货摊点。

例:①一到夜晚,广场上就有许多小吃(　　)
②汽车(　　)。

排档 / 排挡

乞求—祈求

乞求 请求给予。
祈求 恳切地希望或请求。
例:①(　　)施舍。
②向上天(　　)来年有一个好收成。

乞求 / 祈求

切实—确实

切实 切合实际;实实在在。
确实 ①真实可靠。②对客观情况真实性表示肯定。
例:①实际情况(　　)如此。
②这个方案(　　)可行。

确实 / 切实

权宜—权益

权宜 暂时适宜;变通办法。
权益 应该享受的不受侵犯的权利。
例:①合法(　　)
②(　　)
权益 / 权宜

权力—权利

权力 ①政治上的强制力量。②职责

范围内的支配力量。

权利 公民或法人依法行使的权力和享受的利益。

例：①消费者享有的几项（　　）。

②行使校长（　　）。

权利 / 权力

权术—权数

权术 权谋；手段。

权数 ①指掌握权力的术数、要领。②在统计计算中，用来衡量总体中各单位标志值在总体中作用大小的数值。

例：①玩弄（　　）。

②（　　）决定指标的结构。

权术 / 权数

启示—启事

启示 ①启发提示，使有所领悟。②通过启发提示而领悟的道理。

启事 为了说明某事而登载在媒体上或张贴在墙壁上的文字。

例：①这件事给了我很好的（　　）。

②寻人（　　）。

启示 / 启事

启用—起用

启用 开始使用。

起用 ①重新任用已退职或免职的官员。②提拔使用。

例：①大楼建成（　　）。

②我们要大胆（　　）年轻干部。

启用 / 起用

启航—起航

启航（轮船、飞机等）第一次航行。

起航（轮船、飞机等）开始航行。

例：①因天气恶劣，飞机暂时不能（　　）。

②公司新买了两艘轮船，今天正式（　　）。

起航 / 启航

求助—救助

求助 请求援助。

救助 拯救和援助。

例：①（　　）在地震中受灾的人。

②他从不向别人（　　）。

救助 / 求助

弃市—弃世

弃市 古代的一种刑罚，即在闹市执行死刑将尸体扔在大街上示众，是一种极端的惩罚。

弃世 意为去世、死亡，是一种自然的形式。

例：①他因病于年前不幸（　　）。

②"偶语者（　　）"是秦始皇统一六

国后所颁布的各种专制法令中的一条。

弃世 / 弃市

歧义—歧异

歧义（语言文字）两种或多种不同的意义，有两种或几种可能的解释。

歧异 有分歧差异；不相同。

例：①他们两人的观点有（　）。
②你说的这句话有（　），不太好理解。

歧异 / 歧义

其间—期间

其间 ①那中间；其中。②指某一段时间。

期间（某段）时期里面。

例：①春节（　）。
②毕业三年了，（　），他干过四份工作。

期间 / 其间

前生—前身

前生 前世。

前身 ①上衣、袍子等前面的部分；前襟。②佛教指前世的身体。③指事物演变中原来的组织形态或名称等。

例：①这家医药公司的（　）是一

私人诊所。
②也许，我们俩（　）是一对夫妻。

前身 / 前生

前仆后继—前赴后继

前仆后继 前面的人倒下了，后面的人继续跟上去，形容英勇奋斗，不怕牺牲。

前赴后继 前面的人上去，后面的人就跟上去，形容奋勇前进，连续不断。

例：①即便前面是个坑，他们也（　），不怕上当受骗。
②英勇的战士们（　），不怕牺牲，用鲜血换来了这场战斗的胜利。

前赴后继 / 前仆后继

牵扯—牵掣

牵扯 牵连；有联系。

牵掣 ①因牵连而受影响或阻碍。②牵制。

例：①不要被无谓的事（　）。
②不要把他（　）进来。

牵掣 / 牵扯

情义—情谊—情意

情义 亲属、同志、朋友相互间应有的感情。

情谊 人与人相互关切、爱护的感情。

情意 对人的感情。

例：①他对我的（　　）我当然知道。
②金钱有价（　　）无价。
③我们之间的（　　）是经过时间检验了的。
情意／情义／情谊

情节—情结
情节　①事情的变化和经过。②指犯罪或犯错误的具体情况。
情结　心中的感情纠葛；深藏心底的感情。
例：①故事（　　）扣人心弦。
②浓浓的故乡（　　）。
情节／情结

清朗—晴朗
清朗　①凉爽晴朗。②清净明亮。③清楚响亮。④清新明快。
晴朗　没有云雾，日光充足。
例：①（　　）的天空。
②声音（　　）。
晴朗／清朗

清新—清馨
清新　①清爽而新鲜。②新颖不俗气。
清馨　香而不浓烈。
例：①（　　）的空气。
②花园里的花儿开了，满园（　　）。
清新／清馨

强直—强制
强直　①肌肉、关节等由于病变不能活动。②刚强正直。
强制　用法律或政治、经济力量强迫。
例：①（　　）执行。
②（　　）性脊柱炎。
强制／强直

翘首—翘楚
翘首　抬起头来（望）。
翘楚　原指高出杂树丛的荆树，后用来比喻杰出的人才。
例：①他是我们这个行业的（　　）。
②（　　）盼望。
翘楚／翘首

R

溶化—熔化

溶化 ①(固体)溶解。②同"融化"。

熔化 固体加热到一定温度变为液体。也叫熔解、熔融。

例：①冰雪（　　）。

②铁加热到1530℃以上就（　　）成铁水了。

溶化 / 熔化

溶解—融解

溶解 一种物质以分子或离子等状态均匀地分散在另一种物质中。

融解 融化。

例：①盐（　　）在水中了。

②冰雪（　　）。

溶解 / 融解

然而—然则

然而 用在后半句话的开头，表示转折关系。

然则 用在句子的开头，表示"既然如此，那么……"。

例：①（　　）你说怎么办？

②他虽然很努力，（　　）上天并没有给他机会。

然则 / 然而

融汇—融会

融汇 融合汇聚。

融会 融合。

例：①（　　）贯通。

②（　　）古今。

融会 / 融汇

嚅动—蠕动

嚅动 想要说话而嘴唇微动。

蠕动 像蚯蚓爬行那样动。

例：①他嘴唇（　　）着，似乎想说什么。

②肠子（　　）。

嚅动 / 蠕动

濡湿—溻湿

濡湿 沾湿；变潮湿。

溻湿 浸湿。溻：湿。

例：①天太热，他的衣服被汗（　　）了一次又一次。

②连续下了一个星期的雨，空气中都是水气，床上的被子都（　　）了。

溻湿 / 濡湿

嚷嚷—嚷嚷

嚷嚷 ①喧哗；吵闹。②声张。

嚷嚷 小声说话。

例：①嘟嘟（　　）。

②安静些！你瞎（　　）些什么呀？

嚷嚷／嚷嚷

入门弟子—入室弟子

入门弟子　指刚入师门的人。

入室弟子　指弟子中的出类拔萃者。

例：①拜师仪式过后，他正式成为大师的（　　）。

②仅仅只用了三年时间，他就成为了师父的（　　），为我们所仰慕。

入门弟子／入室弟子

S

上层—上乘

上层　上面的一层或几层（多指机构、组织、阶层）。

上乘　①本为佛教用语，就是"大乘"。

②事物质量好或水平高。

例：①产品质量（　　）。

②他是我们的（　　）领导。

上乘／上层

山角—山脚

山角　山的转角向外突出处。

山脚　山的靠近平地的部分。

例：①转过那处（　　）就看到一个小村庄。

②从（　　）往上走，山腰处有一座庙宇。

山角／山脚

山岭—山陵

山岭　连绵的高山。

山陵　①山岳。②指帝王的坟墓。

例：①巍巍（　　）。

②爬上峰顶，望见远处（　　）不断。

山陵／山岭

水力—水利

水力 海洋、河流、湖泊的水流所产生的做功能力，可以用来做发电和转动机器的动力。

水利 ①利用水力资源和防止水灾的事业。②指水利工程。

例：①利用（　　）发电。

②兴修（　　）。

水力／水利

水陆—水路

水陆 ①水上和陆地上。②指山珍海味。

水路 水上的交通线。

例：①我们可以走（　　）去武汉。

②（　　）交通。

水路／水陆

失言—食言

失言 无意中说出不该说的话。

食言 不履行诺言；失信。

例：①他说到做到，从不（　　）。

②他的一时（　　），让他后悔了一年。

食言／失言

失忆—失意

失忆 失去记忆。

失意 不得志；不如意。

例：①大病一场后，他（　　）了。

②情场（　　）。

失忆／失意

圣地—胜地

圣地 ①宗教徒称与教主生平事迹有重大关系的地方。②指具有重大历史意义和作用的地方。

胜地 有名的风景优美的地方。

例：①旅游（　　）。

②革命（　　）。

胜地／圣地

圣明—盛名

圣明 认识清楚，见解高明（多用来称颂皇帝）。

盛名 很大的名望。

例：①（　　）之下，其实难副。

②皇上（　　）。

盛名／圣明

申明—声明

申明 郑重说明。

声明 ①公开表示态度或说明真相。②声明的文告。

例：①请（　　）这样做的理由。

②发表公开（　　）。

申明／声明

收罗—搜罗

收罗　把人或物聚集在一起。
搜罗　到处寻找（人或事物）并聚集在一起。
例：①四处（　　）材料。
②这个地方的人才都被他（　　）到他们公司里了。
搜罗 / 收罗

收益—受益
收益　生产上或商业上的收入。
受益　得到好处；受到利益。
例：①他从中（　　）不少。
②增加（　　）。
受益 / 收益

收复—收服
收复　夺回（失去的领土、阵地）。
收服　制服对方使顺从自己。
例：①（　　）失地。
②他被我（　　）了。
收复 / 收服

师父—师傅
师父　①对师傅①的尊称。②对和尚、尼姑、道士的尊称。
师傅　①工、商、戏剧等行业中传授技艺的人。②对有技艺的人的尊称。
例：①木匠（　　）。
②唐僧是孙悟空的（　　）。

师傅 / 师父

声张—伸张
声张　把消息、事情等传出去。
伸张　扩大（多指抽象事物）。
例：①（　　）正义。
②这件事你我知道就行了，千万不要（　　）。
伸张 / 声张

使用—试用
使用　使人员、器物、资金等为某种目的服务。
试用　在正式使用以前，先试一个时期，看是否合适。
例：①产品现在是（　　）期。
②合理（　　）人才。
试用 / 使用

审查—审察
审查　检查核对是否正确、妥当（多指计划、提案、著作、个人的资历等）。
审察　①仔细观察。②审查。
例：①（　　）案发现场。
②（　　）属实。
审察 / 审查

受权—授权
受权　接受委托行使做某事的权力。

授权 把权力委托给他人或机构代为执行。

例：①他（　　）代行部门主任职责。

②他（　　）老王可以任意使用账上资金。

受权／授权

受奖—授奖

受奖 得到奖励。

授奖 颁发奖金、奖品或奖状。

例：①立功（　　）。

②上午9点召开（　　）大会。

受奖／授奖

实业—事业

实业 指工商企业。

事业 ①人所从事的，具有一定目标、规模和系统而对社会发展有影响的经常活动。②特指没有生产收入，由国家经费开支，不进行经济核算的事业（对"企业"而言）。

例：①革命（　　）。

②兴办（　　）。

事业／实业

实行—施行

实行 用行动来实现（纲领、政策、计划等）。

施行 ①法令、规章等公布后从某时起发生效力；执行。②按照某种方式或办法去做；实行。

例：①法律自颁布之日起（　　）。

②我国（　　）人民代表大会制度。

施行／实行

实验—试验

实验 ①为了检验某种科学理论或假设而进行某种操作或从事某种活动。②指实验的工作。

试验 ①为了察看某事的结果或某物的性能而从事某种活动。②旧时指考试。

例：①（　　）田。

②今天下午有堂（　　）课。

试验／实验

身价—身家

身价 ①人生买卖的价格。②指一个人的社会地位或价值。

身家 ①本人和家庭。②旧时指家庭出身。③指家产。

例：①他的（　　）性命都交给了我。

②（　　）百倍。

身家／身价

势态—事态

势态 态势；情势。

事态 局势；情况（多指坏的）。

例：①（　）趋于严重。
②保持良好的增长（　）。
事态／势态

视觉—视角
视觉　物体的影像刺激视网膜所产生的感觉。
视角　①由物体两端射出的两条光线在眼球内交叉而成的角。②摄影镜头所能摄取的场面上距离最大的两点与镜头连线的夹角。③观察问题的角度。
例：①他以小孩子的（　）来观察人生。
②（　）模糊。
视角／视觉

松弛—张弛
松弛　①松散；不紧张。②（制度、纪律等）执行得不严格。
张弛　将弓弦拉紧和放松。比喻事物之进退、起落、兴废等。
例：①（　）有度。
②队伍纪律（　）。
张弛／松弛

竖子—庶子
竖子　小子。
庶子　旧时指妾所生的儿子。

例：①（　）成名。
②在这个家庭里，大哥是嫡子，他是（　），从小就被人看不起。
竖子／庶子

竖立—树立
竖立　物体垂直，一端向上，一端接触地面或埋在地里。
树立　建立（多用于抽象的好的事情）。
例：①他为我们（　）了好的榜样。
②广场上（　）着一块纪念碑。
树立／竖立

事项—事象
事项　事情的项目。
事象　①事物的形象。②事情；现象。
例：①必须注意以下（　）。
②这其中蕴涵着丰富的民俗（　）。
事项／事象

首府—首都—省会
首府　①旧时称省会所在的府为首府；现多指自治区或自治州人民政府所在地。②附属国和殖民地的最高政府机关所在地。
首都　国家最高政权机关所在地，是全国的政治中心。
省会　省行政机关所在地，一般也是

全省的经济、文化中心。

例：①长沙是湖南的（　　）。

②北京是我们国家的（　　）。

③吉首是湘西土家族苗族自治州的（　　）。

省会 / 首都 / 首府

说合—说项

说合　①从中介绍，促成别人的事；把两方面说到一块。②商议；商量。③说和。

说项　为人说好话，替人讲情。

例：①（　　）婚事。

②为人（　　）。

说合 / 说项

思维—思绪

思维　①在表象、概念的基础上进行分析、综合、判断、推理等认识活动的过程。②进行思维活动。

思绪　①思想的头绪；思路。②情绪。

例：①（　　）万千。

②惯性（　　）。

思绪 / 思维

顺流—顺溜

顺流　顺着水流方向。

顺溜　①方向一致，有次序，不参差。②通畅顺当；没有阻拦。③顺从听话。

例：①（　　）而下。

②来到北京两年，他的中国话就已经说得相当（　　）了。

顺流 / 顺溜

耸然—悚然

耸然　①高耸的样子。②惊惧的样子。③诧异的样子。④敬畏的样子。

悚然　害怕的样子。

例：①毛骨（　　）。

②（　　）动容。

悚然 / 耸然

梳理—疏理

梳理　①用梳子整理（须、发等）。②比喻对事物进行归类、分析，使有条理。

疏理　疏通清理。

例：①（　　）河道。

②（　　）思路。

疏理 / 梳理

索引—索隐

索引　把书刊中的项目或内容摘记下来，每条下标注出处页码，按一定次序排列，供人查阅的资料。也叫引得。

索隐　①探求隐微奥秘的道理。②对古籍的注释考证。

例：①使用（　）可快速查找需要的资料。
②史记（　）。
索引 / 索隐

宿怨—宿愿
宿怨　旧有的怨恨；宿嫌。也作"夙怨"。
宿愿　同"夙愿"。一向怀着的愿望。
例：①（　）得偿。
②（　）已久。
宿愿 / 宿怨

搔痒—瘙痒
搔痒　用指甲挠痒。
瘙痒　（皮肤）发痒。
例：①（　）难忍。
②他忍不住用指甲去（　）。
瘙痒 / 搔痒

熟习—熟悉
熟习　（对某种技术或学问）学习得很熟练或了解得很深刻。
熟悉　①知道得很清楚；②了解，使知道得清楚。
例：①他对这里的路况已经很（　）。
②他很（　）果树栽培知识。
熟悉 / 熟习

势不两立—誓不两立
势不两立　指敌对的事物不能同时存在。
誓不两立　发誓不跟对方同时存在，形容双方矛盾或仇恨很深，无法化解或调和。
例：①有他没我，我和他（　）。
②敌对双方（　）。
誓不两立 / 势不两立

T

天气—气候

天气 ①一定区域一定时间内大气中发生的各种气象变化，如温度、湿度、气压、降水、风、云等的情况。②指时间；时候。

气候 ①一定地区里经过多年观察所得到的概括性的气象情况。它与气流、纬度、海拔、地形等相关。②比喻动向或情势。③比喻结果或成就。

例：①今天阳光灿烂，（　）不错。
②亚热带季风（　）。
③他们成不了（　）。
天气 / 气候 / 气候

天堑—天谴

天堑 天然形成的隔断交通的大沟，多指长江，形容它的险要。
天谴 上天的责罚。
例：①长江（　）。
②做了坏事要遭（　）的。
天堑 / 天谴

屯聚—囤聚

屯聚 聚集（人马等）。
囤聚 储存聚集（货物）。
例：①仓库里（　）了大量粮食。
②（　）大量兵力。
囤聚 / 屯聚

吞食—吞噬

吞食 不嚼或不细嚼，整个儿地或成块地咽下去。
吞噬 ①吞食。②并吞。
例：①这场大火（　）了十多条人命。
②他张开嘴，把那颗巨大的草莓（　）下去。
吞噬 / 吞食

体帖—体贴

体帖 细心体会。
体贴 细心忖度别人的心情和处境，给予关照。
例：①"温暖"二字却是她自己从他的话中（　）出来的。
②他很会（　）人。
体帖 / 体贴

坦露—袒露

坦露 吐露；表露。
袒露 裸露。
例：①（　）胸膛。
②真情（　）。

袒露 / 坦露

统帅—统率
统帅 ①统帅全国武装力量的最高领导人。②同"统率"。句中作动词用时多用"统率"。
统率 统辖率领。也作"统帅"。
例：①（　　）全军。
②他是部队的最高（　　）。
统率 / 统帅

统治—统制
统治 ①凭借政权来控制、管理国家或地区。②支配；控制。
统制 统一控制。
例：①（　　）救灾物资。
②（　　）阶级。
统制 / 统治

退化—蜕化
退化 ①生物体在进化过程中某一部分器官变小，构造简化，功能减退甚至完全消失。②泛指事物由好变坏。
蜕化 虫类脱皮，借指事物向坏的方面变化，多指腐化堕落。
例：①在周边环境影响下，他已（　　）堕落。
②仙人掌的叶子成针状，是一种

（　　）现象。
蜕化 / 退化

通讯—通信
通讯 翔实而生动地报道客观事物或典型人物的文章。
通信 ①用书信互通消息，反映情况等。②利用电波、光波等信号传送文字、图像等。旧称通讯。
例：①他写了一篇（　　）。
②（　　）工程。
通讯 / 通信

调节—调解
调节 从数量上或程度上调整，使适合要求。
调解 劝说双方消除纠纷。
例：①他经常帮别人（　　）纠纷。
②（　　）情绪。
调解 / 调节

推托—推脱
推托 借故拒绝。
推脱 推卸。
例：①（　　）责任。
②她（　　）身子不适,不来参加会议。
推脱 / 推托

痛处—痛楚

痛处　感到痛苦的地方。
痛楚　悲痛；苦楚。
例：①戳中了他的（　）。
②他感到（　）万分。
痛处 / 痛楚

痛苦—痛哭

痛苦　身体或精神感到非常难受。
痛哭　尽情大哭。
例：①听闻这不幸消息，他不由（　）失声。
②得了这种病，他非常（　）。
痛哭 / 痛苦

提名—题名

提名　在评选或选举前提出有当选可能的人或事物名称。
题名　①为留纪念或表示表扬而写上姓名。②为留纪念而写上的姓名。③题目的名称。
例：①他获奥斯卡最佳男配角（　）。
②在纪念簿上（　）留念。
提名 / 题名

提词—题词

提词　演出时给演员提示台词。
题词　①写一段话表示纪念或勉励。
②为表示纪念或勉励而写下来的话。
③序文。

例：①参观纪念馆时，他留下了一幅（　）。
②节目直播时，他从不看台下的（　）。
题词 / 提词

通讯员—通信员

通讯员　报刊、通讯社、电台等邀请的经常为其写通讯报道的非专业人员。
通信员　部队、机关中担任递送公文等联络工作的人员。
例：①刚入伍那年，他在团部当（　）。
②他是我们报社的（　）。
通信员 / 通讯员

五服—五福
五服 古时丧服按跟死者关系的亲疏分为五种，指高祖父、曾祖父、祖父、父亲、自己五代，后来用出没出五服表示家族关系的远近。
五福 指五种福。
例：①（ ）临门。
②他将婚期通知了（ ）之内的亲戚。
五福 / 五服

文采—文彩
文采 ①华丽的色彩。②文学方面的才华。
文彩 ①艳丽错杂的色彩。②华美的纺织品或衣服。
例：①他颇有（ ）。
②"衣不（ ）"指不穿华美艳丽的衣服。
文采 / 文彩

无异—无益
无异 没有不同；等同。
无益 没有好处。
例：①你这样做（ ）于事情的解决。
②他说出这样的话来，（ ）于火上浇油。
无益 / 无异

无故—无辜
无故 没有缘故。
无辜 ①没有罪。②没有罪的人。
例：①事实证明他是（ ）的。
②（ ）不得缺席迟到。
无辜 / 无故

未必—未毕
未必 不一定。
未毕 没有完毕。
例：①他（ ）是对的。
②事情（ ），你还不能走。
未必 / 未毕

污秽—芜秽
污秽 ①不干净。②指不干净的东西。
芜秽 形容乱草丛生。
例：①房子后面荒凉（ ）。
②（ ）不堪。
芜秽 / 污秽

违反—违犯
违反 不遵守；不符合（法则、规程等）。
违犯 违背和触犯（法律等）。

例：①他（　）了公司的规章制度。
②（　）法律。
违反 / 违犯

枉然—茫然—惘然

枉然　得不到任何收获；白费力气。
茫然　①完全不知道的样子。②失意的样子。
惘然　失意的样子。
例：①（　）若失。
②你做得再好，得不到领导的肯定也是（　）。
③发生了这种事，我脑海里一片（　）。
惘然（茫然）/ 枉然 / 茫然（惘然）

下限—下线

下限　时间最晚或数量最小的限度。跟"上限"相对。
下线¹　①汽车、电器等在生产线上组装完毕，可以出厂。②网站等断开互联网，停止运营。
下线²　下一级联络人。跟"上线"相对。
例：①为了变得更美，她整容是没有（　）的。
②新款汽车（　）了。
下限 / 下线

心律—心率

心律　心脏跳动的节律。
心率　心脏搏动的频率，正常成年人在平静时心脏每分钟跳动 75 次左右。
例：①（　）少于每分钟 60 次的人大多为运动员。
②他的（　）不齐。
心率 / 心律

心酸—辛酸

心酸 心里悲痛。
辛酸 辣和酸，形容痛苦悲伤。
例：①（　　）往事。
②想起昨天发生的事，她忍不住（　　）落泪。
辛酸 / 心酸

讯问—询问
讯问 ①有不知道或不明白的事情或道理请人解答。②审问。
询问 征求意见；打听。
例：①（　　）公司情况。
②犯罪嫌疑人正在接受警察的（　　）。
询问 / 讯问

休憩—栖息
休憩 休息。
栖息 停留；休息（多指鸟类）。
例：①山腰上建有一座凉亭，供爬山的人（　　）。
②那片树林成了鸟类的（　　）地。
休憩 / 栖息

休整—修整
休整 休息整顿。
修整 修理使完整或整齐。
例：①房子太旧了，需要（　　）。
②经过三天连续行军，部队需要（　　）。
修整 / 休整

纤细—纤悉
纤细 非常细。
纤悉 详细；详尽。
例：①她的手指（　　）修长。
②（　　）无遗。
纤细 / 纤悉

行迹—形迹
行迹 行动的踪迹。
形迹 ①举动和神色。②指礼貌。
例：①（　　）可疑。
②（　　）不定。
形迹 / 行迹

协从—胁从
协从 和合，顺从。
胁从 被胁迫而随别人做坏事。
例：①首恶必办，（　　）从轻。
②做好这件事不仅有利于他人的身体健康，也有利于我们事业的展开，二者之间存在着必然的（　　）关系。
胁从 / 协从

学力—学历
学力 在学问上达到的同等程度。
学历 学习的经历，指曾在哪些学校毕业或肄业。

例：①同等（　　）。
②大学（　　）。
学力 / 学历

修练—修炼
修练　指反复练习。
修炼　指道家修养练功、炼丹等活动。
例：①不断（　　）内功，提高自身素质。
②只有反复（　　），小心谨慎，才能做到万无一失。
修炼 / 修练

修养—涵养
修养　①指理论、知识、艺术、思想等方面的一定水平。②指养成的正确的待人处事的态度。
涵养　①能控制情绪的功夫；修养②。②蓄积并保持（水分等）。
例：①（　　）水源。
②他有一定的文学（　　）。
涵养 / 修养

畜养—蓄养
畜养　饲养（动物）。
蓄养　积蓄培养。
例：①（　　）体力。
②（　　）猪牛。
蓄养 / 畜养

萧萧—潇潇
萧萧　①形容马叫声或风声。②稀疏的样子。
潇潇　形容刮风下雨。
例：①风雨（　　）。
②风（　　）兮易水寒。
③白发（　　）。
潇潇 / 萧萧 / 萧萧

萧疏—萧瑟
萧疏　①萧条荒凉。②稀疏；稀稀落落。
萧瑟　①形容风吹树木的声音。②形容冷落；凄凉。
例：①秋风（　　），树叶纷纷落下。
②一场战争过后，这座城市一片（　　）。
萧瑟 / 萧疏

喧腾—暄腾
喧腾　喧闹沸腾。
暄腾　松软而有弹性。
例：①这馒头蒸得很（　　）。
②会议室里一片（　　）。
暄腾 / 喧腾

醒木—惊堂木
醒木　说评书的人为了引起听众注意而用来拍桌子的小硬木块。

惊堂木 旧时官吏庭审时用来拍打桌面以显示声威的长方形木块。

例：①只见县官把（ ）一拍，喝道："老实招来！"

②那说书艺人一拍（ ），道："欲知结果如何，请听下回分解。"

惊堂木 / 醒木

一齐—一起

一齐 表示同时。

一起 ①同一个处所。②一同。③一共。

例：①开会的时候我们坐在（ ）。

②全场（ ）鼓掌。

一起 / 一齐

乙醇—乙醛

乙醇 化学式 C_2H_5OH。有机化合物。无色的可燃液体，有特殊气味。通称酒精。

乙醛 化学式 CH_3CHO。易挥发有刺激气味的液体。易溶于水、乙醇、乙醚。是制备乙酸、乙酐、合成树脂等的中间体。

酒的主要成分是乙醇，乙醇进入体内可以被氧化成乙醛，乙醛是一种很强的反应性化合物。

例：①（ ）俗称酒精。

②由于房屋装修的原因，人们更了解甲醛的危害。至于（ ）的危害，人们知之甚少。

乙醇 / 乙醛

义气—意气

义气 ①指由于私人关系而甘于承担风险或牺牲自己利益的气概。②有这种气概或感情。

意气 ①意志和气概。②志趣和性格。③由于主观和偏激而产生的情绪。

例：①他这个人喜欢（　　）用事。

②他为人很讲（　　）。

意气／义气

于田—于阗

于田 县名。在新疆维吾尔自治区南部，昆仑山北麓。

于阗 ①古西域国名。在今新疆和田一带。②唐军镇名。故地在今新疆和田西南。为安西四镇之一。③旧县名。在新疆维吾尔自治区西南部。1882年置县。1959年改名于田县。

引见—引荐

引见 引人相见，使彼此认识。

引荐 推荐（人）。

例：①是他把我（　　）到科技局的。

②在他的（　　）下，我认识了王峰。

引荐／引见

以至—以致

以至 ①直到。②用在下半句话的开头，表示由于上文所说的动作、情况的程度很深而形成的结果。也说以至于。

以致 用在下半句话的开头，表示下文是上述原因所形成的结果（多指不好的结果）。

例：①事前他没有做好充分的准备，（　　）这次任务失败了。

②她一心一意地在练琴，（　　）人走光了她都不知道。

以致／以至

以次—依次

以次 ①依照次序。②次序在某处以后的；以下。

依次 按照次序。

例：①人们（　　）走进会场。

②（　　）各章，不再讲述。

依次／以次

优美—幽美

优美 美好。

幽美 幽静美丽；幽雅。

例：①动作（　　）。

②这座公园非常（　　）。

优美／幽美

优雅—幽雅

优雅 ①优美雅致。②优美高雅。

幽雅 幽静而雅致。

例：①姿势（　　）。
②环境（　　）。
优雅 / 幽雅

阴骘—阴鸷

阴骘（zhì）①暗中使安定。②阴德。
阴鸷（zhì）阴险凶狠。
例：①他这个人很（　　）。
②积（　　）。
阴鸷 / 阴骘

应急—应激

应急　应付迫切的需要。
应激　对刺激产生反应。
例：①全身性（　　）反应。
②采取（　　）措施。
应激 / 应急

严紧—严谨

严紧　①严格；严厉。②严密。
严谨　①严密谨慎。②严密细致。
例：①他做学问非常（　　）。
②就是应该对他管得（　　）些。
严谨 / 严紧

迤逦—旖旎

迤逦　曲折连绵。
旖旎　柔和美好。
例：①风光（　　）。

②队伍沿着山道（　　）而行。
旖旎 / 迤逦

映射—影射

映射　照射。
影射　借甲指乙；暗指（某人某事）。
例：①月光（　　）在湖面上。
②这篇小说（　　）官场的不正之风。
映射 / 影射

映衬—映照

映衬　①映照；衬托。②修辞方式，并列相反的事物，形成鲜明的对比。
映照　照射。
例：①晚霞（　　）着湖面。
②红墙碧瓦，互相（　　）。
映照 / 映衬

预订—预定

预订　预先订购。
预定　预先规定或约定。
例：①苹果需要（　　）。
②高铁（　　）在明年 5 月份开通。
预订 / 预定

原形—原型

原形　原来的形状；本来面目。
原型　原来的类型或模型，特指叙事性文学作品中塑造人物形象所依据的现实生活中的人。

例：①（　　）毕露。

②他是这篇小说主人公的（　　）。

原形 / 原型

验算—演算

验算　算题算好以后，再用另外的方法演算一遍，检验已得出的运算结果是否正确。

演算　按一定原理和公式计算。

例：①（　　）结果与他之前猜测的大不相同。

②题目做完后，他又重新（　　）了一遍。

演算 / 验算

逸事—遗事

逸事　世人不知道的关于某人的事迹（多指不见于正式记载的）。

遗事　前代或前人留下来的事迹。

例：①名人（　　）。

②前朝（　　）。

逸事 / 遗事

隐讳—隐晦

隐讳　有所顾忌而隐瞒不说。

隐晦（意思）模糊，不明显。

例：①他说的话很（　　），我们都猜不出他要表达什么意思。

②他从不（　　）自己的缺点。

隐晦 / 隐讳

营利—盈利

营利　谋求利润。

盈利　扣除成本后获得的利润。

例：①这个月扣除所有成本，（　　）不少。

②（　　）性医疗机构。

盈利 / 营利

淹没—湮没

淹没　（大水）漫过；盖过。

湮没　埋没。

例：①大水（　　）了村庄。

②（　　）无闻。

淹没 / 湮没

萦回—潆洄

萦回　回旋往复；曲折环绕。

潆（yíng）洄　水流回旋。

例：①到了小溪转弯的地方，水流（　　）。

②他前两天说的话，犹自（　　）在耳边。

潆洄 / 萦回

喻义—寓意

喻义　比喻的意义。

寓意 寄托或隐含的意思。
例：①这句格言（　）深长。
②心肝宝贝的（　）是最心爱的人。
寓意 / 喻义

游离—游移
游离 ①一种物质不和其他物质化合而单独存在，或物质从化合物中分离出来。②比喻离开集体或依附的事物而存在。
游移 ①来回移动。②（态度、办法、方针等）摇摆不定。
例：①他（　）在组织之外。
②（　）不决。
游离 / 游移

意旨—意志
意旨 意图（多指应该遵从的）。
意志 决定达到某种目的而产生的心理状态，往往由语言和行动表现出来。
例：①这是不以人的（　）为转移的。
②他的（　）很明显。
意志 / 意旨

意韵—意蕴
意韵 意境和韵味。
意蕴 内在的意义；含义。
例：①这篇文章的（　）很丰富。
②别有一番（　）。
意蕴 / 意韵

有口碑—有口皆碑
有口碑 有群众口头上的称颂。
有口皆碑 形容人人称赞。
例：①他在这个小区里很（　）。
②陈老师的教学方法在学校里是（　）。
有口碑 / 有口皆碑

Z

中止—终止
中止（做事）中途停止；使中途停止。
终止 结束；停止。
例：①（　）妊娠。
②活动暂时（　），明天继续进行。
终止 / 中止

中断—中端
中断 中途停止或断绝。
中端 属性词。等级、档次、价位等在同类中处于中等的。
例：①他们（　）了联系。
②（　）产品。
中断 / 中端

支助—资助
支助 支援，帮助。
资助 用财物帮助。
例：①他（　）这名贫困生三年的生活费。
②没有他的（　），我不可能独立移开这根木头。
资助 / 支助

支教—执教
支教 支援边远落后地区的教育事业，特指在一段时间内到那里当教师。
执教 担任教学任务；当教练。
例：①他在附属中学（　）多年。
②到边远农村小学（　）。
执教 / 支教

主持—住持
主持 ①负责掌管或处理。②主张；维护。③负责掌管、处理某项活动的人。
住持 ①主持一个佛寺或道观的事务。②主持一个佛寺或道观的僧尼或道士。
例：①他是这次会议的（　）人。
②他是这座寺庙的（　）。
主持 / 住持

仗恃—仗势
仗恃 倚仗；依靠。
仗势 倚仗某种权势（做坏事）。
例：①他（　）自己是豪门出身，目中无人。
②（　）欺人。
仗恃 / 仗势

庄周—周公

庄周　即庄子。
周公　西周初重要政治人物。文王之子，武王之弟。
例：①（　　）是战国时哲学家。
②（　　）梦蝶。
庄周 / 周公

自如—自若
自如　①活动或操作不受阻碍。②不拘束；不变常态。
自若　自如②。
例：①活动（　　）。
②神态（　　）。
自如 / 自若（自如）

自决—自绝
自决　①自己决定自己的事。②自杀。
自绝　做了坏事而不愿悔改，因此自行断绝跟对方之间的关系（多指自杀）。
例：①（　　）于人民。
②民族（　　）权。
自绝 / 自决

自治—自制
自治　民族、团体、地区等除了受所隶属的国家、政府或上级单位领导外，对自己的事务行使一定的权力。
自制[1]　自己制造。

自制[2]　克制自己。
例：①他很有（　　）力。
②少数民族（　　）区。
③他喜欢（　　）玩具。
自制 / 自治 / 自制

自持—自恃
自持　控制自己的欲望或情绪。
自恃　①过分自信而骄傲自满；自负。②倚仗；仗恃。
例：①他（　　）自己学过几年武术，经常欺负人。
②清廉（　　）。
自恃 / 自持

自愿—志愿
自愿　自己愿意。
志愿　①志向和愿望。②自愿。
例：①他的（　　）是当一名出色的外科医生。
②这件事是他（　　）做的，不关他人的事。
志愿 / 自愿

执业—职业
执业（律师、医生、会计和某些中介服务机构的人员等）进行业务活动。
职业　①个人在社会中所从事的作

为主要生活来源的工作。②属性词。专业的；非业余的。

例：①他是一名（　　）运动员。

②（　　）医生。

职业 / 执业

折子—褶子

折子　①用纸折叠而成的册子，多用来记账。②指银行存折。

褶子　①（衣服上）经折叠而缝成的纹。②（衣服、布匹、纸张等上面）经折叠而留下的痕迹。③皮肤上的皱纹。

例：①这件衣服上有很多（　　）。

②他顺手拿起桌上的（　　）。

褶子 / 折子

折皱—褶皱

折皱　皱纹。

褶皱　①由于地壳运动，岩层受到压力而形成的连续弯曲的构造形式。②皱纹。

例：①他满脸（　　）。

②岩层在形成时，如果发生的是一系列波状的弯曲变形，就叫（　　）。

折皱 / 褶皱

纵容—怂恿

纵容　对错误行为不加制止，任其发展。

怂恿　鼓动别人去做（某事）。

例：①在他的（　　）下，我跑上舞台唱起歌来。

②不要（　　）他的坏习惯。

怂恿 / 纵容

阻击—狙击

阻击　以防御手段阻止敌人增援、逃跑或进攻。

狙击　埋伏在隐蔽地点伺机袭击敌人。

例：①（　　）手。

②（　　）战。

狙击 / 阻击

侦查—侦察

侦查　公安机关、国家安全机关和检察机关在刑事案件中，为了确定犯罪事实和证实犯罪嫌疑人、被告人确实有罪而进行调查及采取有关的强制措施。

侦察　为了弄清敌情、地形及其他有关作战的情况而进行活动。

例：①（　　）敌情。

②立案（　　）。

侦察 / 侦查

质疑—置疑

质疑 提出疑问。
置疑 怀疑（多用于否定式）。
例：①不容（　　）。
②（　　）问难。
置疑／质疑

征候—症候
征候 发生某种情况的迹象。
症候 ①疾病。②症状。
例：①此前已出现事故（　　）。
②他出现了感冒的（　　）。
征候／症候

沾污—玷污
沾污 弄脏。
玷污 弄脏；使有污点。多用于比喻。
例：①别让脏水把你的衣服（　　）了。
②（　　）名声。
沾污／玷污

总合—综合
总合 全部加起来；合在一起。
综合 ①把分析过的对象或现象的各个部分、各属性联合成一个统一的整体（跟"分析"相对）。②不同种类、不同性质的事物组合在一起。
例：①对城市卫生进行（　　）治理。
②各种力量（　　）在一起。
综合／总合

咨询—资讯
咨询 询问；征求意见。
资讯 信息。
例：①进门右边设有（　　）处。
②各种新闻（　　）。
咨询／资讯

资力—资历
资力 ①财力。②天资和能力。
资历 资格和经历。
例：①（　　）浅。
②他（　　）非常雄厚。
资历／资力

捉刀—操刀
捉刀 指代别人做文章。
操刀 比喻主持或亲自做某项工作。
例：①亲自（　　）。
②这篇文章是他找人（　　）的。
操刀／捉刀

捉摸—琢磨
捉摸 猜测；预料（多用于否定式）。
琢（zhuó）磨 ①雕刻和打磨（玉石）。②加工使精美（指文章等）。
琢（zuó）磨 思索；考虑。
例：①他这个人（　　）不定。
②这篇文章尚需（　　）。
捉摸／琢磨

振荡—震荡

振荡 ①振动。②电流的周期性变化。

震荡 震动；动荡。

例：①社会（　　）。

②（　　）电路。

震荡／振荡

棕刷—鬃刷

棕刷 用棕榈树叶鞘的纤维做的刷子。

鬃刷 用马、猪等的毛做的刷子。

增值—增殖

增值 资产或商品价值增加。

增殖 ①增生。②繁殖。

例：①我去年购买的房子今年（　　）不少。

②简述细胞的生长和（　　）的周期性。

增值／增殖

坐井观天—戴盆望天

坐井观天 比喻眼光狭小。

戴盆望天 头上扣着盆子，想看天而看不见。比喻因方法不对或条件所限，而不可能实现目的。

例：①眼光要放远些，不要（　　）。

②你这是（　　），你的愿望是不可能实现的。

坐井观天／戴盆望天

易错字词汇总

本部分为易产生错别字的词或词组大集合。错的在前面,排在后面的是正确的,而且需加强印象的正确的字用红色加以突出。

注意:词后面标了数字的,可在前面相应的页码找到该字或词的简单解释。

A　　　　　　B

安祥　安详	白晳　白皙（038）
肮赃　肮脏（014）	本份　本分
袄教　袄教（056）	布署　部署
按耐　按捺（014）	必竟　毕竟
哀掉　哀悼（038）	兵焚　兵燹（056）
暗哑　喑哑（038）	冰渣　冰碴（056）
暗熟　谙熟（014）	汴跃　忭跃（056）
鏖战　鏖战（038）	报负　抱负
爱滋病　艾滋病	卑却　卑怯
安之若泰　安之若素（039）	变挂　变卦（014）
安份守纪　安分守己	拔冗　拨冗（027）
安如槃石　安如磐石	拔款　拨款
安帮定国　安邦定国	版块　板块
阿谀奉迎　阿谀逢迎（015）	绊嘴　拌嘴
按步就班　按部就班	苯重　笨重（015）
按途索骥　按图索骥	表像　表象
哀然成集　衰然成集（082）	标竿　标杆
哀多益寡　裒多益寡（067）	帮交　邦交（014）
暗中沟通　暗中勾通（058）	拜竭　拜谒（038）
暗剑难防　暗箭难防	悖离　悖逆（056）
暗渡陈仓　暗度陈仓	芭焦　芭蕉（014）
暗然神伤　黯然神伤	斑澜　斑斓（015）
	敝端　弊端

251

葆奖　褒奖（038）
编篡　编纂（038）
搏弈　博弈
殡天　宾天（057）
暴燥　暴躁
篦麻　蓖麻（060）
鞭苔　鞭笞（015）
鞭鞑　鞭挞（056）
不由的　不由得
不得以　不得已
不缔是　不啻是（081）
百纳本　百衲本（044）
白癫疯　白癜风（081）
报冷门　爆冷门（019）
泊来品　舶来品（044）
拌脚石　绊脚石
柏粱体　柏梁体（057）
病快快　病恹恹（066）
辨证法　辩证法
爆发户　暴发户
爆羊肉　炮羊肉（066）
檗枲书　擘窠书（071）
璧玉簪　碧玉簪
不分轩致　不分轩轾（072）
不为己甚　不为已甚（039）
不可思义　不可思议
不可明状　不可名状（016）
不尽人情　不近人情
不动生色　不动声色（015）

不泛其人　不乏其人（016）
不知所已　不知所以
不知就理　不知就里（036）
不径之谈　不经之谈（039）
不径而走　不胫而走（016）
不拘言笑　不苟言笑（039）
不齿下问　不耻下问
不挑之祖　不祧之祖（082）
不胜玫举　不胜枚举
不骄不燥　不骄不躁
不莨不莠　不稂不莠（072）
不勘言状　不堪言状
不堪之论　不刊之论（058）
不寒而粟　不寒而栗（040）
不落巢臼　不落窠臼（040）
不冀而飞　不翼而飞（040）
不辨粟麦　不辨菽麦（073）
不醒人事　不省人事（015）
比肩继锺　比肩继踵（039）
扒梳剔抉　爬梳剔抉（073）
北橘南枳　南橘北枳（073）
白头携老　白头偕老
白衣沧狗　白衣苍狗（039）
白璧微暇　白璧微瑕
百尺杆头　百尺竿头
百无聊耐　百无聊赖
百折不扰　百折不挠
百步穿扬　百步穿杨
百战不怠　百战不殆（040）

并行不背　并行不**悖**（040）
兵戈相见　兵**戎**相见（040）
扳起面孔　**板**起面孔
别出心栽　别出心**裁**
卑躬曲膝　卑躬**屈**膝
步覆惟艰　步履**维**艰
拔乱反正　**拨**乱反正
拨本塞源　**拔**本塞源
板上走丸　**坂**上走丸（061）
板上定钉　板上**钉**钉
彼彼皆是　**比比**皆是（040）
背道而弛　背道而**驰**
俾倪一切　**睥睨**一切（061）
病入膏盲　病入膏**肓**（061）
笔耕不缀　笔耕不**辍**（016）
彪柄史册　彪**炳**史册（058）
筚路篮缕　筚路**蓝**缕（062）
禀公无私　**秉**公无私
裨官野史　**稗**官野史（061）
搬师回朝　**班**师回朝
暴戾恣睢　暴戾恣**睢**（076）
暴虎凭河　暴虎**冯**河（076）
暴轸天物　暴**殄**天物（062）
蔽帚自珍　**敝**帚自珍（040）
辩证施治　**辨**证施治
鞭辟入理　鞭辟入**里**（061）
不耻于人类　不**齿**于人类
杯酒失兵权　杯酒**释**兵权

C

仓卒　仓**促**（018）
车辄　车**辙**（038）
车撵　车**辇**（057）
伥然　**怅**然（014）
驰聘　驰**骋**
囟门　**囱**门（048）
床第　床**笫**（039）
沉缅　沉**湎**
纯古　**淳**古（030）
苍桑　**沧**桑（038）
杵逆　**忤**逆（030）
垂髫　垂**髫**（071）
城廓　城**郭**
草萎　草**萋**（038）
蚕船　**蚤**船（060）
茶毒　**荼**毒（038）
重迭　重**叠**
穿带　穿**戴**
秤坨　秤**砣**（076）
柴禾　柴**火**（057）
瓷铁　**磁**铁（043）
唱诺　唱**喏**（034）
淳香　**醇**香（060）

船仓	船舱	沧海一粟	沧海一粟
朝庭	朝廷（015）	层峦迭嶂	层峦叠嶂（040）
粗旷	粗犷（014）	陈词烂调	陈词滥调
粗燥	粗糙（039）	承前起后	承前启后
淬取	萃取（060）	抽抽嗒嗒	抽抽搭搭
策画	策划	参差荇莱	参差荇菜
馋言	谗言	侧隐之心	恻隐之心（039）
葱笼	葱茏（043）	持才傲物	恃才傲物
窜门	串门	城门如市	臣门如市（083）
锤练	锤炼	春风绋面	春风拂面（016）
雏型	雏形	查言观色	察言观色
潮讯	潮汛（043）	草管人命	草菅人命（039）
璀灿	璀璨（060）	测身其间	厕身其间（062）
澄沏	澄澈（026）	重蹈复辙	重蹈覆辙（016）
蔟拥	簇拥（060）	唇焦口躁	唇焦口燥
聪惠	聪慧（038）	疵牙咧嘴	龇牙咧嘴（062）
冲电器	充电器	常年累月	长年累月
凑分子	凑份子	揣揣不安	惴惴不安
颤微微	颤巍巍	插科打浑	插科打诨（016）
长盛不衰	常盛不衰	惩前毙后	惩前毖后（040）
斥之以鼻	嗤之以鼻	痴心忘想	痴心妄想
出人投地	出人头地（068）	馋延欲滴	馋涎欲滴
出奇不意	出其不意	错火积薪	厝火积薪（076）
出奇致胜	出奇制胜	错落有至	错落有致
冲耳不闻	充耳不闻（040）	辞不达意	词不达意
吹毛求呲	吹毛求疵	椽木求鱼	缘木求鱼（062）
财运享通	财运亨通	缠绵悱测	缠绵悱恻
沉封多年	尘封多年（062）	撮尔小国	蕞尔小国（073）
灿然一笑	粲然一笑（039）		

D

斗蓬 斗**篷**（018）
打蘸 打**醮**（075）
对恃 对**峙**（014）
灯炮 灯**泡**
豆钌 **饾**钌（056）
豆鼓 豆**豉**（014）
抖漏 抖**搂**（014）
诋报 **邸**报（043）
诋赖 **抵**赖
抵毁 **诋**毁（014）
担刚 担**纲**（014）
底韵 底**蕴**（043）
迭宕 **跌**宕（060）
钓杆 钓**竿**
砥励 砥**砺**
读职 **渎**职
倒档 倒**挡**
谛造 **缔**造
舵颜 **酡**颜（065）
掉念 **悼**念
惦量 **掂**量（018）
赌搏 赌**博**
搭挡 搭**档**

锻烧 **煅**烧（043）
嘟嚷 嘟**囔**（071）
端祥 端**详**
端睨 端**倪**（019）
稻穗 稻**穗**（043）
褡练 褡**裢**（043）
墩实 **敦**实（060）
雕堡 **碉**堡（043）
大满灌 大满**贯**
大姆指 大**拇**指
订扣子 **钉**扣子（019）
吊书袋 **掉**书袋（044）
达翰尔 达**斡**尔
豆瓣浆 豆瓣**酱**
大气晚成 大**器**晚成
大块朵颐 大**快**朵颐
大放嘅词 大放**厥**词（044）
大雨磅礴 大雨**滂沱**（041）
大相径廷 大相径**庭**
大桥合拢 大桥合**龙**（062）
大事大非 大**是**大非
丹书铁卷 丹书铁**券**（044）
打乱阵角 打乱阵**脚**（044）
打躬作辑 打躬作**揖**（016）
对薄公堂 对**簿**公堂
灯火斓珊 灯火**阑**珊（044）
当人不让 当**仁**不让（019）
当炉卖酒 当**垆**卖酒（062）
动则得咎 动**辄**得咎

豆蔻年华　豆**蔻**年华（019）
抵掌而谈　**抵**掌而谈（076）
迭床架屋　**叠**床架屋
单食壶浆　**箪**食壶浆（045）
顶礼莫拜　顶礼**膜**拜（015）
度过难关　**渡**过难关
殆人口实　**贻**人口实（019）
独辟溪径　独辟**蹊**径（044）
待价而估　待价而**沽**（045）
带罪立功　**戴**罪立功
胆颤心惊　胆**战**心惊
洞晰一切　洞**悉**一切（045）
调以轻心　**掉**以轻心
调兵谴将　调兵**遣**将
倒打一粑　倒打一**耙**（016）
得不尝失　得不**偿**失
得鱼忘荃　得鱼忘**筌**（076）
得垄望蜀　得**陇**望蜀（062）
惮精竭虑　**殚**精竭虑（031）
断鹤续鸟　断鹤续**凫**（083）
断壁颓桓　断壁颓**垣**（062）
掇字成文　**缀**字成文（063）
道貌昂然　道貌**岸**然（062）
敦敦教诲　**谆谆**教诲（019）
鼎立相助　鼎**力**相助
德高望众　德高望**重**

峨眉月　**蛾**眉月（057）
耳根清静　耳根清**净**
耳鬓撕磨　耳鬓**厮**磨
峨冠搏带　峨冠**博**带（027）
饿郛遍野　饿**殍**遍野（063）
额首称庆　额**手**称庆（076）

F

分岐　分**歧**
发韧　发**轫**（061）
份内　**分**内
份量　**分**量
防碍　**妨**碍
附马　**驸**马（061）
法码　**砝**码（019）
法琅　**珐**琅（060）
斧铖　斧**钺**（061）
范筹　范**畴**（034）
复盖　**覆**盖
浮燥　浮**躁**（043）
绯优　**俳**优（022）
愤满　愤**懑**（014）
福份　福**分**
腹泄　腹**泻**（061）
负作用　**副**作用
附骨蛆　附骨**疽**（071）
飞扬拔扈　飞扬**跋**扈
方讷圆凿　方**枘**圆凿（076）
分道扬镖　分道扬**镳**（040）
分廷抗礼　分**庭**抗礼
风尘扑扑　风尘**仆仆**

风声水起　风**生**水起
风声鹤庆　风声鹤**唳**（044）
风雨如海　风雨如**晦**（045）
风雨如磬　风雨如**磐**（063）
风姿卓约　风姿**绰**约（045）
风糜一时　风**靡**一时（019）
凤毛鳞角　凤毛**麟**角
凤凰与飞　凤凰**于**飞（063）
凤冠霞披　凤冠霞**帔**（032）
防不慎防　防不**胜**防
防犯未然　防**患**未然
负岌从师　负**笈**从师（076）
纷至踏来　纷至**沓**来（015）
附掌大笑　**拊**掌大笑（063）
非短流长　**飞**短流长
和言悦色　和**颜**悦色
放任自留　放任自**流**
奉为圭皋　奉为圭**臬**（077）
斧底抽薪　**釜**底抽薪（019）
拂然不悦　**怫**然不悦（019）
封逐长蛇　封**豕**长蛇（045）
峰拥而出　**蜂**拥而出
浮想联篇　浮想联**翩**（019）
浮游撼树　**蜉蝣**撼树
愤世疾俗　愤世**嫉**俗
愤袂而起　**奋**袂而起
幅圆辽阔　幅**员**辽阔
斐声中外　**蜚**声中外
蜚然成章　**斐**然成章（045）

焚膏继咎　焚膏继晷（077）
赋于权限　赋予权限
敷衍赛责　敷衍塞责
繁文褥节　繁文缛节（063）
翻捡资料　翻检资料（063）
俯不作于人　俯不怍于人（083）

G

干炼　干练
公努　公帑（043）
甘庶　甘蔗
沟连　勾连（043）
沟恤　沟洫（043）
坩锅　坩埚（061）
柑桔　柑橘
国柞　国祚（075）
更叠　更迭
刮砂　刮痧（018）
固疾　痼疾
秆秤　杆秤
乖剌　乖刺（075）
庚续　赓续（075）
孤癖　孤僻
挂勾　挂钩
桂元　桂圆
缸豆　豇豆（043）
宫帏　宫闱（018）
高吭　高亢（018）
梗米　粳米（044）
盖擢　盖戳（065）
鸹噪　聒噪（018）

隔漠　隔**膜**（014）
跬谷　**硅**谷（061）
鼓躁　鼓**噪**
杆面杖　**擀**面杖（044）
干劲实足　干劲**十**足
瓜瓜坠地　**呱呱**坠地（015）
勾玄提要　**钩**玄提要
甘之如怡　甘之如**饴**
甘败下风　甘**拜**下风
甘冒不违　甘冒不**韪**（045）
功亏一溃　功亏一**篑**（019）
关怀倍至　关怀**备**至
共商国事　共商国**是**
共攘义举　共**襄**义举（045）
各自一词　各**执**一词
各行其事　各行其**是**（063）
过尤不及　过**犹**不及
过目成颂　过目成**诵**（020）
过江之卿　过江之**鲫**（063）
刚复自用　刚**愎**自用（020）
攻于心计　**工**于心计（020）
杆格不入　**扞**格不入（076）
改弦更章　改弦更**张**（015）
孤臣蘖子　孤臣**孽**子（063）
孤苦伶丁　孤苦伶**仃**
坩口结舌　**钳**口结舌（077）
怪石磷峋　怪石**嶙**峋（066）
钢柔相济　**刚**柔相济（020）
姑忘言之　姑**妄**言之

故名思义　**顾**名思义（020）
革命先躯　革命先**驱**
革命胜地　革命**圣**地
革故顶新　革故**鼎**新（039）
鬼斧神功　鬼斧神**工**（020）
鬼鬼崇崇　鬼鬼**祟祟**
鬼域伎俩　鬼**蜮**伎俩（063）
高朋满坐　高朋满**座**
高屋建翎　高屋建**瓴**（063）
高瞻远嘱　高瞻远**瞩**
格尽职守　**恪**尽职守（020）
格守誓言　**恪**守誓言
根深抵固　根深**柢**固（020）
顾指气使　**颐**指气使
梗短汲深　**绠**短汲深（077）
割发带首　割发**代**首（082）
管窥孟测　管窥**蠡**测（077）
嘎然而止　**戛**然而止（020）
稿木死灰　**槁**木死灰
杆栏式建筑　**干**栏式建筑（083）

H

幻像　幻**象**

好象　好**像**

何偿　何**尝**

花届　花**界**（044）

河叉　河**汊**

河漕　河**槽**（018）

昏溃　昏**聩**（052）

和熙　和**煦**（061）

服膺　服**膺**

侯鸟　**候**鸟

胡牌　**和**牌（018）

浩翰　浩**瀚**（044）

晃子　**幌**子（022）

海蛰　海**蜇**

鸿濛　鸿**蒙**（075）

黄莲　黄**连**

焕散　**涣**散（018）

混圆　**浑**圆

颌首　**颔**首（065）

喉节　喉**结**

喙头　**噱**头（044）

寒怆　寒**碜**（018）

寒喧　寒**暄**（018）

慧星　**彗**星

活性碳　活性**炭**

哈剌子　哈**喇**子（057）

横隔膜　横**膈**膜（019）

火中取粟　火中取**栗**

户枢不蠹　户枢不**蠹**（082）

汉牛充栋　**汗**牛充栋（045）

汗流夹背　汗流**浃**背（020）

回光反照　回光**返**照

合衣而卧　**和**衣而卧（015）

合盘托出　**和**盘托出（045）

华厦文明　华**夏**文明

好高鹜远　好高**骛**远（045）

好整以瑕　好整以**暇**（020）

含英举华　含英**咀**华（020）

含怡弄孙　含**饴**弄孙（045）

含浦还珠　**合**浦还珠（045）

含情默默　含情**脉脉**（020）

沆蛮一气　沆**瀣**一气（066）

还老返童　**返**老**还**童

宏中肆外　**闳**中肆外（077）

宏篇巨制　**鸿**篇巨制（046）

怙恶不俊　怙恶不**悛**（024）

河清海宴　河清海**晏**（020）

泓雁传情　**鸿**雁传情（035）

和舟共济　和**衷**共济（023）

和霭可亲　和**蔼**可亲（023）

昏头转向　**晕**头转向

轰堂大笑　**哄**堂大笑

虎视耽耽　虎视**眈眈**（046）
恒古不变　**亘**古不变（020）
胡子拉渣　胡子拉**碴**（046）
皇天厚土　皇天**后**土（032）
皇袍加身　**黄**袍加身（066）
恢心丧气　**灰**心丧气
荒诞不径　荒诞不**经**
浩首穷经　**皓**首穷经（032）
晦淫晦盗　**诲**淫**诲**盗（023）
涣然一新　**焕**然一新
候门似海　**侯**门似海
海市唇楼　海市**蜃**楼（032）
焕然冰释　**涣**然冰释
混然天成　**浑**然天成（023）
涸辙之鱼　涸辙之**鲋**（066）
斛筹交错　**觥**筹交错（066）
黄梁美梦　黄**粱**美梦（031）
寒风烈烈　寒风**猎猎**（023）
毁家纡难　毁家**纾**难（049）
幌然大悟　**恍**然大悟（023）
煌煌巨著　**皇皇**巨著（023）
阖然长逝　**溘**然长逝（023）
横生支节　横生**枝**节
慧质兰心　**蕙**质兰心（020）
憾古烁今　**撼**古烁今
憨态可鞠　憨态可**掬**（015）
黑质而白张　黑质而白**章**（084）
霍香正气水　**藿**香正气水（083）
横挑眉毛竖挑眼　横挑**鼻子**竖挑眼

261

J

及屏	及笄（075）
击馨	击磬
饥谨	饥馑（018）
机率	几率（018）
机仓	机舱（018）
军响	军饷
决择	抉择
决别	诀别
决窍	诀窍
奸究	奸宄（075）
进供	进贡
局蹴	局蹐（075）
极至	极致
间牒	间谍
佼洁	皎洁
界时	届时
狡诘	狡黠（019）
拮取	撷取（022）
挤身	跻身（022）
急待	亟待
急燥	急躁
奖卷	奖券
绝决	决绝

娇健	矫健
痉挛	痉挛（022）
峻工	竣工（022）
假像	假象
缉查	稽查（034）
捐客	掮客（048）
竟赛	竞赛
秸杆	秸秆（065）
惊咤	惊诧（022）
酒巴	酒吧
家俱	家具
矫纵	骄纵
厥菜	蕨菜（043）
就犯	就范（014）
筋络	经络（065）
搅合	搅和
集粹	集萃（048）
简炼	简练
简犊	简牍（022）
煎敖	煎熬（022）
镜象	镜像
精典	经典
精萃	精粹
精隧	精髓（022）
稼檣	稼穑（048）
羁拌	羁绊
羁糜	羁縻（075）
藉贯	籍贯
襟袍	襟抱（075）

攫铄	矍铄（056）	举一返三	举一反三（024）
见诸于	见诸（去掉"于"）	举旗不定	举棋不定
汲着鞋	趿着鞋（019）	洁白无暇	洁白无瑕
金钢石	金刚石	急言厉色	疾言厉色
肩甲骨	肩胛骨	挤挤一堂	济济一堂（015）
基尾虾	基围虾	娇生贯养	娇生惯养
孑孓一身	孑然一身（066）	娇柔造作	矫揉造作
九宵云外	九霄云外	娇奢淫逸	骄奢淫逸
见风驶舵	见风使舵	借筹代箸	借箸代筹（083）
计日成功	计日程功（077）	既往不究	既往不咎（024）
计不旋钟	计不旋踵（040）	积重难反	积重难返（024）
叫苦不叠	叫苦不迭	酒过三旬	酒过三巡（024）
记忆尤新	记忆犹新	唧唧我我	卿卿我我
饥肠漉漉	饥肠辘辘（023）	桀骜不训	桀骜不驯
叽哩呱啦	叽里呱啦	渐趋势微	渐趋式微
节哀顺便	节哀顺变	矫往过正	矫枉过正
汲汲可危	岌岌可危（024）	减口不言	缄口不言（024）
灸手可热	炙手可热（024）	犄角之势	掎角之势（066）
进退唯谷	进退维谷（024）	集掖成袭	集腋成裘
究由自取	咎由自取	禁若寒蝉	噤若寒蝉（049）
鸠占雀巢	鸠占鹊巢	竭斯底里	歇斯底里
拘促不安	局促不安	竭泽而鱼	竭泽而渔
佶屈骜牙	佶屈聱牙（082）	精神涣发	精神焕发
居心颇测	居心叵测（049）	精美绝仑	精美绝伦（024）
金欧无缺	金瓯无缺（077）	激流勇退	急流勇退
金榜提名	金榜题名（024）	籍籍无名	寂寂无名（083）
金壁辉煌	金碧辉煌	急风知劲草	疾风知劲草
卷轶浩繁	卷帙浩繁（063）	鞠躬尽粹，死而后已	
经验老道	经验老到	鞠躬尽瘁，死而后已	

K

困挠　困扰（018）
抠瞜　眍瞜（075）
科税　课税（065）
枯躁　枯燥
垦值　垦殖（019）
勘乱　戡乱（048）
勘舆　堪舆（048）
堪误　勘误
堪探　勘探（022）
溃乏　匮乏（022）
揩模　楷模（022）
铿吝　悭吝（048）
魁捂　魁梧
慷概　慷慨
扣字眼　抠字眼
侩子手　刽子手（044）
开门缉盗　开门揖盗（066）
开押出虎　开柙出虎（077）
开据发票　开具发票（049）
叩人心弦　扣人心弦
克敌致胜　克敌制胜
苦心孤旨　苦心孤诣
科头洗足　科头跣足（053）

砍轮老手　斫轮老手（081）
哭哭涕涕　哭哭啼啼
恪己奉公　克己奉公
脍灸人口　脍炙人口
课以刑罚　科以刑罚（067）
磕磕拌拌　磕磕绊绊

L

了望　**瞭**望
令媛　令**嫒**（048）
冷竣　冷**峻**
乱相　乱**象**
罗嗦　**啰**嗦
轮郭　轮**廓**（023）
帘拢　帘**栊**（065）
流泄　流**泻**（065）
铃记　**钤**记（065）
砺志　**励**志
棂枢　**灵**枢（065）
绿州　绿**洲**
萝筐　**箩**筐
腊染　**蜡**染
硫磺　硫**黄**（065）
擦下　**撂**下（038）
漏厄　漏**卮**（075）
缭草　**潦**草（022）
戮穿　**戳**穿
撩拨　撩**拨**
篮本　**蓝**本
擂木　**檑**木（065）
懒祭　**獭**祭（076）

鹭丝　鹭**鸶**
磷刑　**髌**刑（052）
磷选　**遴**选（034）
邋塌　邋**遢**
露陷　露**馅**
老俩口　老**两**口
乱轰轰　乱**哄哄**
冷嗖嗖　冷**飕飕**（066）
连霉素　**链**霉素
俩口子　**两**口子
凌宵花　凌**霄**花（066）
绿荫场　绿**茵**场
落角点　落**脚**点
螺师刀　螺**丝**刀
六兽兴旺　六**畜**兴旺（049）
历久弭新　历久**弥**新（067）
历史攸久　历史**悠**久
厉精图治　**励**精图治（024）
立杆见影　立**竿**见影（028）
立椎之地　立**锥**之地
乐此不彼　乐此不**疲**
龙盘虎据　龙盘虎**踞**
礼仪廉耻　礼**义**廉耻（049）
兰桂其芳　兰桂**齐**芳（083）
老少贤集　老少**咸**集（049）
老奸巨滑　老奸巨**猾**
良秀不齐　良**莠**不齐（015）
良晨美景　良**辰**美景
两全齐美　两全**其**美

两腿卷曲	两腿**蜷**曲（024）
两筅白菜	两**莜**白菜（067）
两鬃斑白	两**鬓**斑白（024）
连篇累读	连篇累**牍**
伶牙利齿	伶牙**俐**齿
冷汗泠泠	冷汗**涔涔**（077）
利令志昏	利令**智**昏
励行节约	**厉**行节约（024）
励兵抹马	**厉**兵**秣**马（049）
劳燕纷飞	劳燕**分**飞
努力同心	**勠**力同心（049）
拢络人心	**笼**络人心（024）
轮船弦梯	轮船**舷**梯
泪水连连	泪水**涟涟**（024）
临渊羡渔	临渊羡**鱼**
娈生兄弟	**孪**生兄弟（058）
凉风席席	凉风**习习**（015）
砾石流金	**铄**石流金（067）
铃珑剔透	**玲**珑剔透
流言非语	流言**蜚**语（058）
绿草如荫	绿草如**茵**
绿树成茵	绿树成**荫**（049）
赉志而殁	**赍**志而殁（049）
琅苑仙葩	**阆**苑仙葩（050）
理曲词穷	理**屈**词穷（032）
梨波而行	**犁**波而行
略见一般	略见一**斑**
联决演出	联**袂**演出
椋弓之鸟	**惊**弓之鸟（049）
楞头楞脑	**愣**头**愣**脑（049）
雷霆万均	雷霆万**钧**
滥芋充数	滥**竽**充数（050）
寥若星辰	寥若**晨星**（049）
廖廖无几	**寥寥**无几
黎园子弟	**梨**园子弟
锱珠必较	**锱铢**必较（067）
麟次栉比	**鳞**次栉比（050）

M

门拴　门闩（060）
马蹬　马镫（076）
麦杆　麦秆
麦桔　麦秸（023）
抹刹　抹杀（048）
蚂蝗　蚂蟥（066）
冒然　贸然（044）
脉博　脉搏
秘决　秘诀
冥玩　冥顽（034）
莫然　漠然（026）
描摩　描摹
梦靥　梦魇
棉软　绵软（026）
涵怀　缅怀（023）
帽沿　帽檐
蒙敝　蒙蔽
煤碳　煤炭
瞑目　暝目（048）
蔑匠　篾匠
暮蔼　暮霭
瞑想　冥想（070）
磨励　磨砺

麋集　麕集（080）
靡烂　糜烂
魔症　魔怔
毛绒绒　毛茸茸（057）
卯足劲　铆足劲（081）
目莲戏　目连戏
名信片　明信片
麦绣病　麦锈病
泯嘴笑　抿嘴笑
麻疯病　麻风病
棉蛉虫　棉铃虫（071）
摩蝎座　摩羯座
毛骨耸然　毛骨悚然（027）
民生凋弊　民生凋敝
民风纯朴　民风淳朴
目不瑕接　目不暇接（027）
目呲欲裂　目眦欲裂（027）
名门旺族　名门望族（027）
名声大躁　名声大噪（027）
名列前茅　名列前茅（067）
名疆利索　名缰利索
米珠新桂　米珠薪桂（076）
买牍还珠　买椟还珠（067）
沐浴而冠　沐猴而冠（054）
明火执杖　明火执仗（050）
明枪暗剑　明枪暗箭
明堂用尽　名堂用尽（027）
明辩是非　明辨是非
命运多骞　命运多蹇（077）

命途多桀　命途多舛（035）
抿灭人性　泯灭人性（027）
面黄饥瘦　面黄肌瘦
弭天大罪　弥天大罪
昂首前行　昂首前行（077）
美人胚子　美人坯子（049）
美仑美奂　美轮美奂（050）
棉里藏针　绵里藏针
满目仓夷　满目疮痍（027）
满腹经伦　满腹经纶
慢调斯理　慢条斯理
慢不经心　漫不经心（027）
漫患不清　漫漶不清（027）
暮天席地　幕天席地（082）
貌和神离　貌合神离
瞑思苦想　冥思苦想
磨磨磳磳　磨磨蹭蹭（077）
默守陈规　墨守成规
糜糜之音　靡靡之音

N

内哄　内讧（048）
年分　年份
讷闷　纳闷
泥桓　泥洹（080）
涅磐　涅槃（048）
楠竹　南竹
暧昧　暧昧
蜡板　蜡版（048）
孳生　孳生（039）
囊获　囊括
奴颜卑膝　奴颜婢膝
年轻一代　年青一代
年高德勋　年高德劭（067）
扭捏作态　忸怩作态（067）
弄巧成绌　弄巧成拙
南辕北撤　南辕北辙
念念不舍　恋恋不舍（027）
浓情厚谊　隆情厚谊（067）
怒火中伤　怒火中烧
怒行于色　怒形于色
挪作它用　挪作他用
涅而不淄　涅而不缁（083）
能工巧将　能工巧匠

O

呕气 **怄**气
呕歌 **讴**歌
沤心沥血 **呕**心沥血

P

牝蛎 **牡**蛎（060）
仳漏 **纰**漏（048）
批露 **披**露（070）
纰谬 纰**缪**（070）
贫脊 贫**瘠**
凭添 **平**添
拼奏 拼**凑**
俳徊 **徘**徊
排挡 排**档**
排泻 排**泄**
盘恒 盘**桓**（075）
牌扁 牌**匾**
喷礴 喷**薄**
脾气 **脾**气
辟如 **譬**如（030）
嘌吟 嘌**呤**（039）
僻好 **癖**好（052）
膨涨 膨**胀**
攀沿 攀**缘**（052）
攀篱 **樊**篱（038）
陪笑脸 **赔**笑脸
破腹产 **剖**腹产
排它性 排**他**性（019）

269

平步轻云　平步**青**云（027）
平易进人　平易**近**人
扑天盖地　**铺**天盖地
凭心而论　**平**心而论（027）
迫不急待　迫不**及**待
迫在眉梢　迫在眉**睫**（046）
披沙捡金　披沙**拣**金（050）
披发左衽　**被**发左衽（050）
披麻带孝　披麻**戴**孝
披星带月　披星**戴**月
披肝厉胆　披肝**沥**胆
爬山涉水　**跋**山涉水（072）
叛若鸿沟　**判**若鸿沟（067）
旁人门户　**傍**人门户（024）
旁证博引　旁**征**博引
旁然大物　**庞**然大物
袍扈登场　袍**笏**登场（083）
胼手抵足　胼手**胝**足（050）
破斧沉舟　破**釜**沉舟
破啼为笑　破**涕**为笑（024）
陪礼道歉　**赔**礼道歉
疲备不堪　疲**惫**不堪
砰然心动　**怦**然心动（050）
盘根错结　盘根错**节**
偏安一偶　偏安一**隅**（027）
普渡众生　普**度**众生
频临崩溃　**濒**临崩溃（027）
蓬头诟面　蓬头**垢**面
蓬壁生辉　蓬**荜**生辉

飘洋过海　**漂**洋过海
攀龙付凤　攀龙**附**凤
喷汽式飞机　喷**气**式飞机
泡制假新闻　**炮**制假新闻

欠收　欠收（052）
气慨　气概（026）
迁徙　迁徙
全愈　痊愈（026）
青杆　青秆（076）
青棵　青稞
钎插　扦插（080）
亲睐　青睐（026）
侵陵　侵凌（070）
桥礅　桥墩
请贴　请帖
请樱　请缨
倾扎　倾轧
倾圯　倾圮（060）
倾刻　顷刻（026）
缺撼　缺憾（026）
厥如　阙如（070）
遣责　谴责
蜻蜓　蜻蜓
潜越　僭越（026）
樵楼　谯楼（070）
墙头堡　桥头堡
翘翘板　跷跷板

千斤一发　千钧一发（015）
千古留芳　千古流芳
千遍一律　千篇一律
气极败坏　气急败坏（050）
气势磅薄　气势磅礴
气喘嘘嘘　气喘吁吁（028）
切之不恭　却之不恭
切中时敝　切中时弊
全力已赴　全力以赴
全神灌注　全神贯注
曲水流殇　曲水流觞（050）
曲突徒薪　曲突徙薪（067）
曲高合寡　曲高和寡
穷兵牍武　穷兵黩武（028）
驱利避害　趋利避害
屈意逢迎　曲意逢迎
顷盆大雨　倾盆大雨
青春常在　青春长在
浅尝则止　浅尝辄止
亲历亲为　亲力亲为
恰如其份　恰如其分
前扑后继　前仆后继（015）
前踞后恭　前倨后恭（028）
轻歌慢舞　轻歌曼舞
契而不舍　锲而不舍（028）
泉水琮琮　泉水淙淙（050）
泉香酒冽　泉香酒洌
情动于衷　情动于中
清山绿水　青山绿水

清新宛约　清新**婉**约
清翠欲滴　**青**翠欲滴（028）
清净无为　清**静**无为（068）
雀巢鸠占　**鹊**巢鸠占
强弩之末　强**弩**之末
勤能补绌　勤能补**拙**
趋之若鹜　趋之若**鹜**（050）
翘二郎腿　**跷**二郎腿
群情激奋　群情激**愤**
群蚁排牙　群蚁排**衙**（078）
跷首盼望　**翘**首盼望（028）
寝室难安　寝**食**难安
锲若金兰　**契**若金兰（015）
潜吟低唱　**浅**吟低唱
黔驴计穷　黔驴**技**穷
磬竹难书　**罄**竹难书（050）
蘧然离去　**遽**然离去（078）
强制性脊柱炎　强**直**性脊柱炎

R

肉沫　肉**末**（026）
荣赝　荣**膺**
镶解　**禳**解（075）
入场卷　入场**券**
人才倍出　人才**辈**出（028）
人才挤挤　人才**济济**
人头撺动　人头**攒**动（028）
人情事故　人情**世**故
人影幢幢　人影**憧憧**（050）
入吾彀中　入吾**彀**中（078）
任人为亲　任人**唯**亲
日出有耀　日出有**曜**（082）
日新月益　日新月**异**
日暮图穷　日暮**途**穷
日礴西山　日**薄**西山（053）
如火如茶　如火如**荼**
如出一撤　如出一**辙**
如法泡制　如法**炮**制（050）
如蚁附檀　如蚁附**膻**（078）
如梗在喉　如**鲠**在喉（053）
如掾大笔　如**椽**大笔（078）
如数佳珍　如数**家**珍
如愿以尝　如愿以**偿**

S

如影随行　如影随**形**
若无其是　若无其**事**
绕有风趣　**饶**有风趣（027）
诺大年纪　**偌**大年纪（028）
弱不经风　弱不**禁**风（030）
锐不可挡　锐不可**当**
惹事生非　惹**是**生非
雍荣华贵　雍**容**华贵（053）
儒子可教　**孺**子可教
褥暑难耐　**溽**暑难耐（078）
融汇贯通　融**会**贯通
人非圣贤，熟能无过
人非圣贤，**孰**能无过

书扎　书**札**（026）
书楣　书**眉**（070）
水份　水**分**
水懒　水**獭**
失祐　失**怙**（076）
闪灼　闪**烁**
生份　生**分**
收迄　收**讫**（026）
杀戳　杀**戮**
沙轮　**砂**轮
沙糖　**砂**糖
纱绽　纱**锭**
松驰　松**弛**
视阀　视**阈**（080）
刹时　**霎**时（026）
怂勇　怂**恿**
拾缀　拾**掇**（022）
思辩　思**辨**
室碍　**窒**碍
神祇　神**祗**（052）
树杆　树**干**（070）
树捎　树**梢**
树酯　树**脂**（080）

273

错	对		错	对	
树獭	树懒（070）		熟不知	殊不知（066）	
索兴	索性		三味真火	三昧真火（053）	
殊料	孰料		三翻两次	三番两次（030）	
梳解	疏解		山青水秀	山清水秀	
深怕	生怕		双手合什	双手合十	
深遂	深邃（026）		双手插腰	双手叉腰	
渗人	瘆人（052）		世外桃园	世外桃源	
锁呐	唢呐		水乳交溶	水乳交融	
慎密	缜密（026）		手屈一指	首屈一指	
搔扰	骚扰（070）		生机昂然	生机盎然	
蒜苔	蒜薹（080）		生杀与夺	生杀予夺	
傻冒	傻帽		生死悠关	生死攸关	
肆业	肄业（026）		失口抵赖	矢口抵赖（030）	
肆掠	肆虐		矢志不逾	矢志不渝（030）	
摄服	慑服（052）		史无前列	史无前例	
蓍宿	耆宿（081）		杀人尝命	杀人偿命	
嗽口	漱口（026）		收回呈命	收回成命	
熟捻	熟稔（052）		设制密码	设置密码	
撕杀	厮杀（026）		死心踢地	死心塌地	
擅变	嬗变（052）		死皮癫脸	死皮赖脸	
霎那	刹那		死瞌到底	死磕到底	
三叉机	三叉戟		岁月磋跎	岁月蹉跎（068）	
水蒸汽	水蒸气		色厉内荏	色厉内荏（053）	
水笼头	水龙头		身陷囵圄	身陷囹圄	
石巩桥	石拱桥		时光冉冉	时光苒苒	
耍酒疯	撒酒疯（053）		私叔弟子	私淑弟子（053）	
涉及到	涉及（去掉"到"）		舍身取义	舍生取义	
湿辘辘	湿漉漉		所做所为	所作所为	
碜得慌	瘆得慌		丧失贻尽	丧失殆尽	

声名雀起　声名**鹊**起
声张正义　**伸**张正义
诗性大发　诗**兴**大发
始作佣者　始作**俑**者（028）
始终不逾　始终不**渝**
怂人听闻　**耸**人听闻
试目以待　**拭**目以待
洒血为盟　**歃**血为盟（027）
俗不可奈　俗不可**耐**（027）
拾人牙惠　拾人牙**慧**
说话嗑巴　说话**磕**巴（068）
首当其中　首当其**冲**
神采弈弈　神采**奕奕**（031）
食不裹腹　食不**果**腹（031）
胜卷在握　胜**券**在握
顺滕摸瓜　顺**藤**摸瓜
衰兵必胜　**哀**兵必胜
素味平生　素**昧**平生（031）
素然寡味　**索**然寡味（015）
隼卯结构　**榫**卯结构（054）
庶子成名　**竖**子成名（045）
硕大无棚　硕大无**朋**（068）
率尔操孤　率尔操**觚**（083）
蛇鼠两端　**首**鼠两端（078）
绳之于法　绳之**以**法
绳头小利　**蝇**头小利
孰视无睹　**熟**视无睹（031）
赦然一笑　**赧**然一笑（053）
随声附合　随声附**和**

搜括民财　搜**刮**民财
稍安毋躁　**少**安毋躁（068）
摄手摄脚　**蹑**手**蹑**脚
善罢干休　善罢**甘**休（035）
搔痒难忍　**瘙**痒难忍
肆无忌殚　肆无忌**惮**
煞废苦心　煞**费**苦心
嘎嘎作响　**嘎嘎**作响（082）
煽然泪下　**潸**然泪下（015）
水火不相融　水火不相**容**
时事造英雄　时**势**造英雄
士可忍熟不可忍　**是**可忍**孰**不可忍
失之毫米，谬以千里
失之毫**厘**，谬以千里
盛名之下，其实难符
盛名之下，其实难**副**（084）

T

它日　**他**日
它律　**他**律
佘子　**余**子（065）
投次　投**刺**（080）
妥胁　妥**协**（030）
坦护　**袒**护
驼鸟　**鸵**鸟
拖杳　拖**沓**
挑畔　挑**衅**（030）
柝居　**析**居（080）
畋域　**畛**域（070）
砣螺　**陀**螺
荼縻　荼**蘼**（080）
透澈　透**彻**
通谍　通**牒**（030）
弹篁　弹**簧**（030）
提练　提**炼**
塘塞　**搪**塞
滩途　滩**涂**（030）
碳化　**炭**化
褪毛　**煺**毛（030）
榻落　**塌**落
瞳孔　**瞳**孔（070）

檀中　**膻**中
炭酸钙　**碳**酸钙
捅娄子　捅**娄**子
铁锁桥　铁**索**桥
腆着脸　**觍**着脸（071）
踢踺子　踢**毽**子
天崩地拆　天崩地**坼**（053）
天隔一方　天**各**一方
天翻地复　天翻地**覆**
屯积居奇　**囤**积居奇
叹为观之　叹为观**止**
头头是到　头头是**道**
头昏脑胀　头昏脑**涨**（031）
同仇敌慨　同仇敌**忾**（054）
同等学历　同等学**力**
同流和污　同流**合**污
条分屡析　条分**缕**析
投界豺虎　投**畀**豺虎（081）
投笔从戒　投笔从**戎**
兔起鹊落　兔起**鹘**落（031）
坦胸露臂　**袒**胸露臂
贪脏枉法　贪**赃**枉法
图有虚名　**徒**有虚名
沓无音信　**杳**无音信（050）
突入其来　突**如**其来
退化变质　**蜕**化变质
退避三社　退避三**舍**
挑肥捡瘦　挑肥**拣**瘦
谈笑风声　谈笑风**生**

倘恍迷离　惝恍迷离（054）
通情达礼　通情达理
通霄达旦　通宵达旦
涛涛不绝　滔滔不绝（031）
甜言密语　甜言蜜语
添列门墙　忝列门墙（068）
探鹂得珠　探骊得珠（068）
提出异义　提出异议
婷婷玉立　亭亭玉立
阗无一人　阒无一人（082）
提心掉胆　提心吊胆
提纲掣领　提纲挈领（031）
碳烧肥牛　炭烧肥牛
膛目结舌　瞠目结舌（031）
蹈光养晦　韬光养晦（054）
檀渊之盟　澶渊之盟（068）
天庭饱满，地阔方园
天庭饱满，地阁方圆（084）
桃李不言，下自成溪
桃李不言，下自成蹊

瓦铄　瓦砾
外型　外形
污工　圬工（080）
污告　诬告
苇杆　苇秆
玩劣　顽劣
炆火　文火（023）
诬篾　诬蔑（023）
威摄　威慑
屋沿　屋檐（030）
捂酒　焐酒（052）
温馨　温馨
婉如　宛如
婉惜　惋惜
崴蕤　葳蕤（080）
碗豆　豌豆
雾淞　雾凇（052）
萎蘼　萎靡
蜿延　蜿蜒
慰籍　慰藉
文诌诌　文绉绉（053）
挖墙角　挖墙脚
桅子花　栀子花

崴了脚	崴了脚（071）		完壁归赵	完璧归赵
万马齐暗	万马齐喑（071）		妄自非薄	妄自菲薄（031）
万古常青	万古长青		苇编三绝	韦编三绝（071）
万事具备	万事俱备		味同嚼腊	味同嚼蜡（040）
万事享通	万事亨通		宛尔一笑	莞尔一笑（054）
万赖俱寂	万籁俱寂（031）		物埠民丰	物阜民丰（031）
卫戍部队	卫戍部队		委屈求全	委曲求全（054）
王道吉日	黄道吉日		歪门斜道	歪门邪道
无于伦比	无与伦比		闻过饰非	文过饰非（072）
无以附加	无以复加		闻名瑕迩	闻名遐迩（031）
无远弗界	无远弗届（081）		威风凌凌	威风凛凛
无所是从	无所适从		望风披糜	望风披靡
无座力炮	无坐力炮		望而怯步	望而却步（032）
无望之灾	无妄之灾		唯唯喏喏	唯唯诺诺（071）
无耻澜言	无耻谰言（054）		温文而雅	温文尔雅
无精打彩	无精打采		温情默默	温情脉脉
无微不致	无微不至		嗡声嗡气	瓮声瓮气（083）
无愊讳言	无庸讳言		稳抄胜卷	稳操胜券
文丝不动	纹丝不动		慰然成风	蔚然成风（054）
文苑杂咀	文苑杂俎（054）		无人出其左右	无人出其右
瓦斧雷鸣	瓦釜雷鸣（036）			
五体头地	五体投地			
五脏六肺	五脏六腑			
为虎作怅	为虎作伥（016）			
未竞之志	未竟之志（031）			
未雨绸谬	未雨绸缪（031）			
纨裤子弟	纨绔子弟			
吴代当风	吴带当风（071）			
纹秤论道	纹枰论道（071）			

协迫 **胁**迫（038）	谢逝 谢**世**（027）
形像 形**象**	雄键 雄**健**
希翼 希**冀**（052）	暇想 **遐**想
形号 **型**号	腥红 **猩**红（053）
泄秘 泄**密**	箫瑟 **萧**瑟
泻恨 **泄**恨	嘻戏 **嬉**戏
欣长 **颀**长（052）	簟菌 **蕈**菌（081）
详和 **祥**和	薰风 **熏**风
弦律 **旋**律	薰陶 **熏**陶
宣染 **渲**染	训兽师 **驯**兽师
响午 **晌**午（030）	序例号 序**列**号
眩昏 **眩**昏（052）	笑咪咪 笑**眯眯**
修茸 修**葺**（030）	雄纠纠 雄**赳赳**（035）
消赃 **销**赃	熏衣草 **薰**衣草（081）
息灭 **熄**灭	心力交悴 心力交**瘁**
陷井 陷**阱**（030）	心心相映 心心相**印**（054）
陷饼 **馅**饼	心心相惜 **惺惺**相惜（032）
笑魇 笑**靥**（053）	心无旁鹜 心无旁**骛**（032）
续贤 续**弦**（053）	心劳力拙 心劳**日**拙
雪撬 雪**橇**（053）	心恢意冷 心**灰**意冷
渲泄 **宣**泄（030）	心神恍怫 心神恍**惚**（057）
喧器 喧**嚣**	心浮气燥 心浮气**躁**
揳子 **楔**子（076）	心胸偏狭 心胸**褊**狭（072）
	凶相必露 凶相**毕**露（032）
	兄有弟恭 兄**友**弟恭
	兴灾乐祸 **幸**灾乐祸
	休息相关 休**戚**相关（035）
	先法制人 先**发**制人
	向偶而泣 向**隅**而泣

寻声而去　循声而去
血流如柱　血流如注
血脉喷张　血脉偾张（072）
行单影只　形单影只
辛辛学子　莘莘学子
闲情逸志　闲情逸致（032）
形迹可疑　行迹可疑
形消骨立　形销骨立
学以至用　学以致用
细水常流　细水长流
胁肩逸笑　胁肩谄笑（072）
诩诩如生　栩栩如生（016）
星罗旗布　星罗棋布（032）
响扼行云　响遏行云
响誉全球　享誉全球（032）
信口齿黄　信口雌黄
唏哩哗啦　稀里哗啦
相形见拙　相形见绌
相辅相承　相辅相成
相儒以沫　相濡以沫
宣宾夺主　喧宾夺主
消遥法外　逍遥法外
修生养性　修身养性
修养生息　休养生息
徇规蹈距　循规蹈矩（032）
宵衣扦食　宵衣旰食（081）
胸无成府　胸无城府
胸有成足　胸有成竹
笑容可拘　笑容可掬

袭卷而来　席卷而来
虚无漂缈　虚无缥缈
悉悉索索　窸窸窣窣
萧萧风雨　潇潇风雨
悬梁刺骨　悬梁刺股（057）
猩猩狂吠　狺狺狂吠（081）
循私舞弊　徇私舞弊
喜忧掺半　喜忧参半（057）
瑕不掩玉　瑕不掩瑜（023）
熙熙嚷嚷　熙熙攘攘
萧规曹随　萧规曹随（057）
嘻笑怒骂　嬉笑怒骂（031）
兄弟睨于墙　兄弟阋于墙（083）
乡音未改鬓毛衰　乡音未改鬓毛衰

谒语 偈语（056）
痒序 庠序（066）
殒石 陨石
揖首 稽首（034）
遗撼 遗憾
摇撸 摇橹（053）
誊写 誊写（034）
缨子 璎子（048）
蕴酿 酝酿（034）
蕴籍 蕴藉
膺品 赝品
羸弱 赢弱（056）
癔想 臆想（038）
一柱香 一炷香（053）
一副药 一服药
一阙词 一阕词（035）
一滩血 一摊血（035）
元霄节 元宵节
压柞油 压榨油
有点悬 有点玄（053）
荧火虫 萤火虫
洋泾滨 洋泾浜（053）
莹光屏 荧光屏
硬梆梆 硬邦邦
一个健步 一个箭步
一文不明 一文不名（057）
一计劲射 一记劲射
一页偏舟 一叶扁舟
一丘之豺 一丘之貉（035）

一惯 一贯
引伸 引申
尤如 犹如
印像 印象
衣诚 衣裓（057）
亦或 抑或
妖饶 妖娆
鱼杆 鱼竿
鱼腮 鱼鳃（034）
杨柳 杨柳（034）
英磅 英镑
奕棋 弈棋
映证 印证（030）
盈联 楹联
竽头 芋头
要协 要挟（034）
衍伸 衍生
宥于 囿于（070）
陨命 殒命（034）
养植 养殖（057）
鸭珍 鸭胗（056）
圆猾 圆滑
宴驾 晏驾（053）

281

一如继往	一如既往（035）	以德抱怨	以德报怨
一张一驰	一张一弛	央央大国	泱泱大国（035）
一层不变	一成不变	玉汝与成	玉汝于成
一应具全	一应俱全	由然而生	油然而生
一股作气	一鼓作气	因人而宜	因人而异
一抹留海	一抹刘海	因地治宜	因地制宜
一步一趋	亦步亦趋	因咽废食	因噎废食（058）
一窃不通	一窍不通	攸然自得	悠然自得
一捅而入	一拥而入	有持无恐	有恃无恐
一席红裙	一袭红裙	言不由钟	言不由衷
一桢画面	一帧画面	言笑焉然	言笑嫣然（035）
一脉相成	一脉相承	言简意陔	言简意赅（035）
一笔勾消	一笔勾销	呀呀学语	牙牙学语（058）
一喏千斤	一诺千金	严惩不怠	严惩不贷（050）
一愁莫展	一筹莫展	忧心冲冲	忧心忡忡（036）
一傅众休	一傅众咻（081）	忧柔寡断	优柔寡断
一厥不振	一蹶不振（057）	饮鸠止渴	饮鸩止渴
一樽佛像	一尊佛像（057）	妍嗤有别	妍媸有别（058）
一蹋糊涂	一塌糊涂	纭纭众生	芸芸众生（035）
一爆十寒	一曝十寒	运筹惟握	运筹帷幄
义气用事	意气用事	鱼舟唱晚	渔舟唱晚
义愤填赝	义愤填膺（035）	鱼目混杂	鱼龙混杂(或"鱼目混珠")
引亢高歌	引吭高歌（035）	依老卖老	倚老卖老
云蒸霞慰	云蒸霞蔚（035）	殃然不悦	怏然不悦（036）
以小搏大	以小博大	要杀要刮	要杀要剐（058）
以身俱来	与身俱来	要言不繁	要言不烦（072）
以飨读者	以飧读者（016）	贻养天年	颐养天年（058）
以逸代劳	以逸待劳	勇气备增	勇气倍增
以敬效尤	以儆效尤（057）	怨天犹人	怨天尤人（063）

倚轻倚重　畸轻畸重（058）
涌跃报名　踊跃报名
莺凤和鸣　鸾凤和鸣
原行必露　原形毕露
欲说还羞　欲说还休
欲盖弥张　欲盖弥彰（036）
欲壑难添　欲壑难填
眼花瞭乱　眼花缭乱
遗害无穷　贻害无穷
悠哉游哉　优哉游哉
涯眦必报　睚眦必报（036）
庸庸禄禄　庸庸碌碌
移尊就教　移樽就教（082）
渔肉百姓　鱼肉百姓（016）
渊源流长　源远流长（058）
揠旗息鼓　偃旗息鼓（036）
埋没无闻　湮没无闻（058）
越俎代疱　越俎代庖（036）
遗笑大方　贻笑大方
意兴阑姗　意兴阑珊（072）
雁巢幕上　燕巢幕上
蝇营狗拘　蝇营狗苟
燕过拔毛　雁过拔毛
邀功请偿　邀功请赏
银样蜡枪头　银样镴枪头（083）
有志者事竞成　有志者事竟成
一年之际在于春　一年之计在于春
一分钱瓣成两半花
一分钱掰成两半花

有则改之无则加冕
有则改之无则加勉
严以律己，宽于待人
严于律己，宽以待人

Z

长像　长**相**
主薄　主**簿**
召示　**昭**示
在坐　在**座**
舟揖　舟**楫**（053）
字贴　字**帖**
杂揉　杂**糅**（034）
旨归　**指**归（070）
竹杆　竹**竿**
折和　折**合**
针炙　针**灸**
帐蓬　帐**篷**
作筏　作**伐**（080）
诈呼　**咋**呼
纸莺　纸**鸢**（052）
谄媚　**谄**媚
坐阵　坐**镇**
姊归　**秭**归（070）
沾连　**粘**连
卓荦　卓**荦**（080）
追朔　追**溯**
招俫　招**徕**
咂磨　咂**摸**

制肘　**掣**肘（034）
绉议　**刍**议（053）
战粟　战**栗**
柘本　**拓**本（071）
捉狭　**促**狭（071）
栀杆　**桅**杆（061）
造指　造**诣**
真缔　真**谛**
座标　**坐**标
座落　**坐**落
涨痛　**胀**痛
皱壁　皱**襞**（071）
铮言　**诤**言（034）
紫檩　紫**檀**（056）
缀学　**辍**学
装钉　装**订**
装祯　装**帧**（056）
痣疮　**痔**疮（052）
蛰伤　**蜇**伤
斟选　**甄**选
锱重　**辎**重（056）
蜇伏　**蛰**伏（056）
罪衍　罪**愆**（081）
遭秧　遭**殃**
嘱目　**瞩**目
震摄　震**慑**
震憾　震**撼**
槽塌　槽**踏**
瞻养　**赡**养

纂位　篡位	作贱食物　作践食物（072）
扎钢机　轧钢机（035）	作贼心虚　做贼心虚
抓阄儿　抓阄儿（081）	孜孜屹屹　孜孜矻矻（072）
周期率　周期律	阻力振动　阻尼振动（072）
蛀夏病　痊夏病（057）	纵横椑阖　纵横捭阖（039）
蒸溜水　蒸馏水	坐无虚席　座无虚席
遭天遣　遭天谴	坐收鱼利　坐收渔利
醉熏熏　醉醺醺（035）	折冲遵俎　折冲樽俎（082）
子弹上镗　子弹上膛（036）	郑重其是　郑重其事
中流抵柱　中流砥柱	张黄失措　张皇失措（036）
中西合壁　中西合璧	张驰有度　张弛有度
专心至志　专心致志	招工启示　招工启事
正经危坐　正襟危坐	沾水钢笔　蘸水钢笔
仗义直言　仗义执言	枕石嗽流　枕石漱流
众口烁金　众口铄金（036）	知人论事　知人论世（049）
众目睽睽　众目睽睽（040）	知微见著　见微知著（072）
众判亲离　众叛亲离	卓而不群　卓尔不群
执迷不误　执迷不悟	咋暖还寒　乍暖还寒（036）
争锋相对　针锋相对	忠贞不逾　忠贞不渝
再所不惜　在所不惜	斩将擎旗　斩将搴旗（081）
自立更生　自力更生	诤诤铁骨　铮铮铁骨（036）
自出机抒　自出机杼（036）	责无旁代　责无旁贷
自渐形秽　自惭形秽	直言敢谰　直言敢谏（049）
自曝自弃　自暴自弃	直接了当　直截了当
再接再励　再接再厉（036）	直情胫行　直情径行（072）
沾轻怕重　拈轻怕重	胀红了脸　涨红了脸
针贬时弊　针砭时弊（035）	追根朔源　追根溯源（039）
吱吱唔唔　支支吾吾	钟灵敏秀　钟灵毓秀（039）
走头无路　走投无路	指不胜曲　指不胜屈

捉发难数　**擢**发难数（082）
捉拿原凶　捉拿**元**凶（035）
指高气扬　**趾**高气扬
昨日黄花　**明**日黄花（082）
战战惊惊　战战**兢兢**
钟鸣顶食　钟鸣**鼎**食
鸠工庀材　**鸠**工庀材（082）
鸠衣百结　**鹑**衣百结（082）
姿意妄为　**恣**意妄为（058）
珠光宝器　珠光宝**气**
珠积寸累　**铢**积寸累（072）
捉奸犯科　**作**奸犯科
准备就序　准备就**绪**（023）
谆谆善诱　**循循**善诱（058）
真知卓见　真知**灼**见（072）
展露头角　**崭**露头角（058）
蛛丝蚂迹　蛛丝**马**迹
置若惘闻　置若**罔**闻（039）
锥心泣血　**椎**心泣血（058）
震聋发聩　**振**聋发聩
支楞着耳朵　支**棱**着耳朵
治表不治本　治**标**不治本
煮豆燃豆箕　煮豆燃豆**萁**
在天愿作比翼鸟，在地愿为连里枝
在天愿作比翼鸟，在地愿为连**理**枝

容易错的人名、地名及其他

错	正	错	正
华陀	华**佗**	陶行之	陶行**知**
荆柯	荆**轲**	榖梁传	榖**梁**传
和坤	和**珅**	黄梨州	黄梨**洲**（即黄宗曦）
凯撒	**恺**撒	哈蜜瓜	哈**密**瓜
祖狄	祖**逖**	杨子鳄	**扬**子鳄
貂婵	貂**蝉**	颖水	**颍**水
夏候	夏**侯**	毫州	**亳**州
嫪毐	嫪**毐**	淞泸	淞**沪**
稽康	**嵇**康	鹜源	**婺**源
赢政	**嬴**政	日尔曼	日**耳**曼
方孝儒	方孝**孺**	达翰尔	达**斡**尔
邓恩名	邓恩**铭**	芦沟桥	**卢**沟桥
左宗堂	左宗**棠**	汩罗江	**汨**罗江
石敬塘	石敬**瑭**	拜占廷	拜占**庭**
华衡芳	华**蘅**芳	琉勒河	**疏**勒河
利马窦	利**玛**窦	黄埔江	黄**浦**江
齐恒公	齐**桓**公	黄浦港	黄**埔**港
伍庭芳	伍**廷**芳	滕王阁	**滕**王阁
宋蔼龄	宋**霭**龄	山东荷泽	山东**菏**泽
李公仆	李公**朴**	良诸文化	良**渚**文化
李苦惮	李苦**禅**	西冷印社	西**泠**印社
郑振择	郑振**铎**	陕西歧山	陕西**岐**山
叔梁纥	叔**梁**纥	皇帝内经	**黄**帝内经
韩复渠	韩复**榘**	黄浦军校	黄**埔**军校
章世钊	章**士**钊	湖南淑浦	湖南**溆**浦
蔡廷楷	蔡廷**锴**	云南傈僳族	云南**傈僳**族

后记

做了26年校对，改了不知多少错别字，有时都不记得正确的字了。所以有时候就联系字的义项，联想记忆或反复记忆，对地名、人名则联系其背景加深印象。比如一次看一本书，发现书里把祢衡写成了"弥衡"。祢衡是《三国演义》里的一个人物，之所以记得他，源于他是一位真正的"裸官"。《三国演义》里这样记载着他与曹操的一段对话：操曰："庙堂之上，何太无礼！"衡曰："欺君罔上，乃谓无礼。吾露父母之形，以显清白之体尔！"为了羞辱祢衡，曹操任命祢衡为鼓吏，要他击鼓。祢衡可不管其他，脱下全身衣服，赤条条地在大堂上击鼓，于是便有了以上一段对话。曹操当然气愤不过，只不过他老奸巨猾，后来找个借口要祢衡送东西给黄祖，借黄祖的刀杀了他，方出了一口恶气。翻开字典看，"弥"有三个义项：①遍；满。②填满；遮掩。③更加。而"祢"只有一个义项：姓。既然有了"遮掩"也就无所谓裸露了不是？所以有时候记一个人的名字，联系起他的背景，他的故事，既有趣也容易。还有民国时期曾担任湖南省政府主席的何键，也经常被错成"何健"。何键策动许克祥发动马日事变，杀死了不知多少共产党人和革命群众，怎么能把何键与"健康"的"健"、"健儿"的"健"联系在一起呢？

另外还有一点，减少差错最重要的一点就是勤查字典和资料。一个人的大脑容量有限，即便再博学也不可能什么都知道。我身边常用的工具书是《辞海》《汉语大词典》《现代汉语词典》和《古代汉语词典》。《现代汉语词典》第6版与第5版相比，有些许改变，比如说"撅嘴"改成了"噘嘴"，"下工夫"变成了"下功夫"，等等。现代汉语和古代汉语又有所不同，有的字现代汉语有，有的字古代汉语有，碰到不懂的字或词，多查查字典。记得有次校一篇稿子时，里面引用了一句"《左传·宣公二年》称宰夫腼熊蹯不熟"。"熊蹯"即熊掌。而我对"腼"字琢磨好一会儿，不知道它在这句话里是什么意思，也没精读过《左传》，后来查看《现代汉语词典》，"腼"和"熊蹯"根本就搭不上边。再翻看《古代汉语词典》，才知"腼"应为"胹"，读作"ér"，"胹"是煮的意思，而现代汉语里是没有这个字的。其正确的引用应为："宰夫胹熊蹯不熟，杀之。"一个厨子因为没有把熊掌烹好，就被杀了，多么痛的典故！

还有一次校对一篇古文，看见"凤皇"二字时，想当然地就把它改成了"凤凰"，其实古汉语里凤凰也作"凤皇"，这篇古文原文就是用的"凤皇"二字，根本就不用改的。还有一些字，在古代汉语和现代汉语里的意思稍有不同。如"汛"字，《现代汉语词典》解释为：河流定期的涨水。而《古代汉语词典》除解释为"季节性的涨水"外，还有一个义项是"军队驻防地"。"狙"字在现代汉语里有"古书上指一种猴子""窥伺"两种义项，古代汉语则比现代汉语多了"狡猾"这一义项。

另外，由于本身知识缺陷的原因，一些专业术语也容易被我们弄错，如"种质"和"阻尼"，这是两个专业术语，有时候会被错成"种子"和"阻力"。

我的工具书里许慎的《说文解字》也备有一本，但翻得很少，睡觉前偶而会翻看一下，但没翻得两页，就睡着了。

2014年的时候，又想买一套《康熙字典》，一是得花费不少钱，二是就算买回来只怕这一世都看不完，就罢了。

这些年来，因为工作原因，翻烂了第5版《现代汉语词典》，第6版的《现代汉语词典》也翻旧了。《辞海》和《汉语大词典》太厚，虽经常翻，其中的知识也学不到万分之一。《咬文嚼字》是个好东西，从中我也学了不少的知识。再加上在平时工作中记录了一些自己校过的书稿中容易出错的字词，有时阅读的报刊杂志中和看电视时发现的用错了的字词，累积起来，也有不少。需要指出的是，我跟着我小孩从小学到初中再到高中的语文学习中，也学到了不少东西，所以要感谢育才小学、麓山国际实验学校，特别是长沙市雅礼中学的语文老师们，从他们平时对孩子作业的批改中，我也学到了不少知识。因为工作性质的原因，也因为爱子心切，从我小孩识字起，就比较关心他的语文作业特别是错别字，孩子犯的一些看起来特别幼稚的错误让人觉得乐趣多多。比如有次他出门忘记带眼镜了，特别发短信给我："老妈，记得帮我把眼睛带来。"有时候会把"他们"写成"他门"，把"休息"写成"体息"。每当看到这些错字别字时总会让我禁不住莞尔一笑。一旦有些字错到搞笑，就容易记住了。

还是那句话，要学的东西太多，欠缺的东西太多。本书如果能给广大学生和文字工作者及爱好中国文字的读者提供一点借鉴，一点业余时间的纠错乐趣，那我自然也感到很欣慰了。

由于自己的水平有限，这篇只能称之为心得的"书"，羞羞答答地整理出来，错漏肯定不少，欢迎批评指正。

田华

2017 年 2 月

图书在版编目（CIP）数据

汉字揪错2200 / 田华编著. -- 北京：北京燕山出版社，2017.3
ISBN 978-7-5402-4430-9

Ⅰ.①汉… Ⅱ.①田… Ⅲ.①汉字－错别字－辨别 Ⅳ.①H124.1

中国版本图书馆CIP数据核字（2017）第040771号

汉字揪错2200

编　　著∠田　华
责任编辑∠金贝伦　王　迪
责任校对∠史英通
特约编辑∠叶青竹　黄懿煊
装帧设计∠周　玲　周　掏

出版发行∠北京燕山出版社
电　　话∠(010)65243837
社　　址∠北京市西城区陶然亭路53号
邮　　编∠100054
印　　刷∠长沙鸿发印务实业有限公司
版　　次∠2017年4月第1版　2017年4月第1次印刷
开　　本∠710mm×1000mm　1/16
印　　张∠18.5
字　　数∠200千字
书　　号∠978-7-5402-4430-9
定　　价∠48.00元

注：如有印、装质量问题请与印刷厂联系。